古典復筆新

海明威

·最後的訪談·

The Last Interview

Ernetst Hemingway

and Other Conversations

陳榮彬 翻譯

目次

ERNEST HEMINGWAY, THE ART OF FICTION, NO. 21

厄內斯特・海明威，
小說的藝術，第二十一號

喬治・普林普頓（George Plimpton）

採訪於一九五四年五月

刊登於《巴黎評論》（*The Paris Review*）第十八期，一九五八年春季

海明威：平常你會去看賽馬嗎？

採訪者：嗯，偶爾去。

海明威：那你該看看《每日賽馬新聞報》[1]啊……那報上刊登的東西能讓你了解什麼是真正的小說藝術。

——一九五四年五月，在馬德里某家咖啡館中的對話。

1 即 *Daily Racing Form*，一八九四年創辦於芝加哥市的小報。海明威在巴黎認識的友人伊凡・希普曼（Evan Shipman）是該報的專欄作家。

厄內斯特．海明威寫作的地點，是他位於哈瓦那郊區小鎮聖法蘭西斯科．德．保拉（San Francisco de Paula）家中[2]的臥室。雖然他家西南角的瞭望塔樓上有一間特地爲他準備的寫作室，但他寧願窩在臥室裡寫作。只有靈感來了，想要構思一些「人物」，才會特地到塔樓上的房間去。

臥室在一樓，與屋裡的客廳相通。臥室和客廳之間的門總沒有完全關起來，用一本厚重的《世界飛機引擎百科》（*The World's Aircraft Engines*）擋著。大大的臥室採光非常好，陽光從朝向東面和南面的窗戶進來，灑在白牆和淡黃色的磁磚地板上。

2　即瞭望山莊（Finca Vigía），是海明威在一九四五年以一萬兩千五百美元購入的古巴哈瓦那郊區莊園，在他去世後古巴政府將其改爲海明威博物館（Museo Hemingway）。

一對齊胸高的書櫃擺在臥室裡，分別跟兩個相對的牆面呈直角擺放著，把室內空間分成兩半。其中一半被一張又大又矮的雙人床佔滿，床尾整齊地擺著大號拖鞋和懶人鞋，床頭兩張小桌上疊滿了書。另一半的臥室裡擺著一張桌面超大的書桌，兩邊各有一張椅子，桌面上的紙張和小紀念品井然有序地收好了。往桌子後面看過去，只見臥室另一頭有個大型衣櫥，頂上鋪著豹皮。一個個漆成白色的書櫃緊貼另外幾側牆面立著，裡面的書都已滿到地面上，書堆下是許多舊報紙、鬥牛雜誌和一疊疊用橡皮筋捆好的信件。

其中一個被塞爆的書櫃緊靠著東側牆面，立在窗邊，與海明威的床大約相距三英尺，書櫃頂端就是海明威的「寫字桌」：大約一平方英尺的狹小「桌面」上，一邊以書堆為界，另一邊則放著被大疊報紙蓋住的紙張、手稿與小冊子。書櫃頂端的空間所剩無幾，剛好能擺一台打字機，上面還架著一個木質閱讀板、五六支鉛筆，還有一塊銅礦礦石，是東側窗戶有風吹進來時用來充當紙鎮的。

打從開始寫作，海明威就養成了站著寫作的習慣。他腳踩著一雙特大號懶人鞋，腳下是一張破舊的小旋角羚羊皮，打字機和閱讀板擺在及胸高的書櫃頂端上。

每當海明威開始一個新的寫作計畫，總是在閱讀板上鋪好打字機用的洋蔥紙，先用鉛筆在紙上打草稿。打字機左邊固定放著一疊用夾紙板夾著的洋蔥紙（鐵夾上有「這些該付錢了」的字樣），要用的時候就拿一張下來。他把紙擺在傾斜的閱讀板上，左臂靠著板子，手壓住紙，多年來寫在紙上的字跡變得更大也更孩子氣。他總是省著用標點符號，大寫字也很少，常常不寫句號而是打個叉。一頁寫完後，他就把洋蔥紙反過來，夾在打字機右邊的另一個夾紙板上。

海明威總是寫到又快又順手才會不用洋蔥紙打草稿，改用打字機。另一種會讓他改用打字機的狀況是，寫到比較簡單的段落時——至少對他來講是簡單的，例如在寫對話的時候。

他說，爲了「避免自己搞錯了」，總是會用一張大大的總表來記錄自己每天的進度，而這所謂總表其實只是某個硬紙板紙箱的一面，拆下來後擺在瞪羚頭部標本正下方的牆邊。從總表上的數字看來，他每天的寫作字數不太固定：450、575、462、1250，然後又掉回512。寫的字數如果比較多，一定是因爲海明威當天特別下了工夫，如此一來他隔天就可以徜徉在墨西哥灣流上釣魚，不用心懷罪惡感。

海明威是個堅守習慣的人，他從不用臥室另一邊那張比較合適的書桌。雖然那裡有更大的空間讓他寫作，但也堆積著各種雜物：一疊疊信件、百老匯各家夜店裡賣的那種獅子造型填充娃娃、一個裝滿各種肉食動物利牙的小麻布袋、霰彈槍子彈、鞋拔子，最後是整齊排在桌面上的木雕：獅子、犀牛、疣豬各一隻，還有兩頭斑馬。當然少不了書——一本本疊在桌上，擺在桌旁，或毫不分類地塞在書架上，有小說、史書、詩集、戲劇、散文等。這些書的種類之多，實在是一目了然。每當海明威站在「寫字桌」前，他膝蓋正對著的書架上擺著維吉妮亞·吳爾夫的散文集《普通讀者》（*The Common Reader*）、班·艾姆斯·威廉姆斯（Ben Ames William）的小說《分裂世家》（*House Divided*）、《黨派評論雜誌精選輯》[3]，查理斯·比爾德（Charles A. Beard）的《共和國》（*The Republic*），葉夫根尼·塔列（Yevgeny Tarle）的《拿破崙入侵俄國》（*Napoleon's Invasion of Russia*），女演員佩姬·伍德

3 《黨派評論雜誌精選輯》（*The Partisan Review*）是美國重量級政論與文學期刊，已於二〇〇三年停刊。這本期刊出了好幾次精選輯，名爲*The Partisan Reader*。

（Peggy Wood）的自傳《你看來眞年輕》（*How Young You Look*）、奧爾登・布魯克斯（Alden Brooks）的《莎士比亞與戴爾爵士代筆》（*Shakespeare and the Dyer's Hand*）[4]，威廉・鮑德溫（William Charles Baldwin）的《非洲狩獵記》（*African Hunting*）、T.S. 艾略特的《詩集》（*Collected Poems*），還有兩本史書，主題是卡斯特將軍（George Custer）率部攻打美國原住民卻在小大角戰役遭全部殲滅的慘劇。

這臥室雖說乍看之下亂七八糟，但一經仔細觀察就能覺察主人基本上有保持整潔的習慣，但捨不得丟東西，尤其是那些讓他懷抱特殊情感的物品。某個書櫃頂端擺滿了玲瑯滿目的小紀念物：木珠材質的長頸

---

4 《莎士比亞與戴爾爵士代筆》（*Shakespeare and the Dyer's Hand*）：在這本書裡，布魯克斯主張莎士比亞的作品係出自愛德華・戴爾（Edward Dyer）爵士之手。

鹿、鑄鐵小烏龜、幾個火車頭小模型、兩輛吉普車和一艘威尼斯貢多拉船的模型、背後有一把鑰匙的玩具熊、拿著一對鈸的猴子、一把迷你吉他，還有一架美國海軍的雙翼飛機歪斜地停在圓形的草墊上（少了一個輪子）。這些小東西真是零星瑣碎，簡直像某個小男孩放在衣櫃鞋盒裡的收藏品。但顯然這些東西各自有紀念價值，例如：臥室裡的三支水牛角除了又大又長而值得收藏，其紀念價值還包括當初他在灌木叢中狩獵的過程還挺凶險的，所幸最終還是得手了。他說：「光看這些牛角我就開心。」

海明威可能會承認自己有這種近似迷信的收藏癖好，但他不太喜歡說，深怕自己若是說太多，那些東西的價值就會消失。他對寫作的態度也是這樣。在這次訪談過程中，他屢屢強調寫作技巧一經過度審視就會受到干擾：「雖然寫作有一部分是實實在在，談一談也無礙，但另一部分卻很脆弱，說多了會導致結構崩壞，最後你就一無所有。」

所以，雖說海明威既健談又幽默，而且凡是他感興趣的話題他都胸懷大量知識，但要談寫作總讓他感到爲難。並不是因爲他對這主題沒有太多想法，而是因爲他強烈認爲那些想法還是不說爲妙——套一句他最愛用的口頭禪，被問起寫作的問題總讓他「很挫」，害他幾乎口齒不清。對於這次訪談的許多問題，海明威都寧願把答覆寫在閱讀板的洋蔥紙上。他的答覆偶爾聽起來帶點怒氣，這也反映出他強烈認爲寫作是一種私密且孤獨的工作，成品寫出來以前無需他人在場旁觀。

海明威百分之百投入寫作技藝，這跟一般人印象中喧鬧嘈雜、無憂無慮、優遊世界、遊戲人間的海明威截然不同。事實上，海明威當然很懂得享受人生，但他無論做什麼事都是完全投入。他的態度非常嚴肅，甚至總是對任何有可能不精準、不確實、不老實、不紮實之處感到憂處。

最能看出他完全投入寫作技藝的地方，莫過於他那一間鋪有淡黃色磁磚的臥室。海明威每天一大早起床，全神貫注地站在閱讀板前，只有在把重心從一隻腳換到另一隻腳的時候才會動。寫得很順時他會全身冒汗，像個小男孩似的興奮；靈感消失之際馬上變得煩躁難過。他律己甚嚴，彷彿被自己訂的規矩奴役，直到大約正午才恢復自由，拿起他那一根表面凹凸不平的手杖，離開房子前往游泳池，每天都游個半英里。

採訪者：真正開始寫了起來，過程是否讓你感到愉快？

海明威：很愉快。

採訪者：能談一談這過程嗎？你在什麼時間寫作？會嚴格安排進度嗎？

海明威：寫書或寫短篇小說時，我在每天破曉之際就開始工作。那時沒人打擾，可能有點涼，或有點冷，寫著寫著身子就暖了起來。首先我會把上次寫完的東西從頭看一遍。因爲我總是寫到一個段落，對接下來故事會怎樣發展已經心裡有數才停筆，所以就可以接著往下寫。我會一直寫，寫到某個地方，覺得自己還「有料」（have your juice），也知道接下來故事裡會發生什麼事，才停下來，好好過活，熬過等待時間，直到第二天才再把你的料拿出來用。比方說，我從早上六點開始寫，也許就會一直寫到中午，或者中午前就寫到一個段落。停筆時我總是像被掏空，但同時又一點也不空虛，而是精神飽滿，就像剛跟情人做完愛一樣。直到第二天又接著寫，這之間什麼都傷害不了我，什麼都不會發生，什麼都沒有意義；最難熬的就是要一直等到第二天。

採訪者：離開打字機時，你可以完全不去想手邊正在寫的東西嗎？

海明威：當然可以。但這需要自制力，而且這種自制力是後天養成，並非天生的。

採訪者：把前一天寫的東西從頭讀到停下的地方後，你會修改已經寫好的部分嗎？還是你會等全部寫完後才修改？

海明威：我每天都會修改寫完的部分。全部寫完，當然還得重看重改一遍。在別人幫我把稿子打出來後，我又有機會用乾乾淨淨的打字稿修正與改寫。最後一次機會是看校樣。能有這麼多機會，我很感恩。

採訪者：你會做多大程度的修改？

海明威：看狀況。《戰地春夢》（*Farewell to Arms*）的結局，小說的最後一頁，我重寫了三十九遍才滿意。

採訪者：你是否遇到某些技術問題？你被什麼卡住了？

海明威：我想把一字一句都寫對。

採訪者：像這樣重讀是不是能把你的「料」變多？

海明威：重讀讓我知道自己寫的東西只是來到目前能達到的最好狀態，所以就不得不繼續寫下去。寫著寫著，總是會變成「有料」。

採訪者：不過，有時候你是否會連一絲靈感都沒有？

海明威：那當然。但只要我清楚停筆處的後面會發生什麼事，就能接著寫下去。只要能起頭，就沒問題。「料」總是會來的。

採訪者：松頓．懷爾德[5]曾提過某些幫助記憶的手法，能讓作家一整天寫個不停。他說，你會跟他說你會削二十支鉛筆。

5　松頓．懷爾德（Thornton Wilder）：美國小說家和劇作家。曾分別獲得普立茲小說獎及普立茲戲劇獎。

海明威：我想我根本就不曾同時擁有過二十支鉛筆。如果一天能用掉七支削好的二號鉛筆，就是表現不錯了。

採訪者：你心目中對你寫作有幫助的地方有哪些？從你在兩個世界飯店[6]寫完那麼多本書看來，它肯定是其中之一。還是說，無論在哪裡寫作對你來講都沒差？

海明威：在哈瓦那的兩個世界飯店寫作的確很棒。我的瞭望山莊也很不錯，或者說曾經很不錯。但無論人在哪裡我都能寫得很好。我是說，在各種不同的環境裡，我都能盡可能把寫作這件事做到最好。如果被電話和訪客打斷，那就毀了。

採訪者：要是想要寫得好，是否有必要保持情緒穩定？有一次你曾跟我

6　兩個世界飯店（Ambos Mundos）：創立於一九二五年的哈瓦那老飯店，海明威曾是其常客。

說，只有在談戀愛時你才能寫得好。能再解釋一下這句話嗎？

海明威：好問題。你能問得出這種問題，實在是厲害。在不受別人打擾或沒被打斷的時候，任誰都能好好寫作。或者說，任誰只要能發狠，就一定可以做到不被打擾或打斷。但能寫出最好東西的，當然就是戀愛中的人。就算你覺得我沒有回答你的問題，我還是不打算多說了。

採訪者：那要是荷包滿滿呢？會不會有錢就讓你寫不出好作品？

海明威：如果早早就拿到錢，但你愛寫作又愛享受人生，那你就必須是個厲害的傢伙才有辦法抗拒各種誘惑。一旦你寫作寫上了癮，也覺得寫作時最快樂，那就只有死神能阻止你寫作啦。不過話說回來，滿滿的荷包對你的幫助也會很大，因爲如此一來你就心無旁騖。擔憂的人會失去寫作的能力。如果不健康，多少也有影響，因爲不健康的人就會擔憂，在不知不覺之間這會對你造成影響，毀了你原本有的料。

採訪者：你想得起自己是在哪一刻決定要成爲作家的嗎？

海明威：想不起來，因爲一直以來我都想成爲作家。

採訪者：菲利浦·楊恩[7]在他那本評論你的書中主張，一九一八年你被迫擊砲炸到，嚴重傷勢導致你創傷性休克，這對你的作家生涯影響帶來很大影響。我記得在馬德里的時候你曾用三兩句話談過這個主張，覺得沒什麼意義，接著還說你認爲藝術家的才能都不是後天獲得，而是根據孟德爾定律[8]遺傳而來的。

---

7 菲利浦·楊恩（Philip Young）：美國賓州大學英語系教授。楊恩從心理分析角度評論海明威與他的作品，書名就叫做*Ernest Hemingway*（一九五二年出版）。

8 孟德爾定律（Mendelian inheritance）：由十九世紀奧地利遺傳生物學家孟德爾（Gregor Johann Mendel）所制定，他透過豌豆實驗建立了最基礎的遺傳規則。

海明威：那年在馬德里，我的腦子顯然不太清醒。我唯一可以確定的，就是我的確曾用兩三句話評論了一下楊恩先生那本書，還有他針對我的作品提出的創傷理論。可能是那一年我腦震盪兩次，又有一次顱骨骨折，導致我講話不怎麼負責任。我的確記得自己跟你過，我相信想像力可能源自於種族經歷，是遺傳而來的。如果只是把我的話當作一個腦震盪患者因爲神智不清而胡說八道，那就無傷大雅，不過那一番言論最多也就是胡說八道而已。所以，在下一次創傷讓我能夠暢所欲言之前，我們就此打住吧。你同意嗎？但還是要感謝你沒有提及任何當時可能被我牽扯到的親戚。聊天的樂趣在於深談，不過聊天內容的很大一部分，還有所有不負責任的話，都不該寫出來。一旦變成文字，就必須爲自己的話負責。有時候，我們說話可能只是爲了看看自己是否相信而已。

關於你提出的問題，每個人在受傷後產生的影響都有很大差異。連骨折都沒有的小傷，根本就不太重要。這種傷有時候會讓人變得更有自信。如果因爲受傷而導致許多地方骨折，甚至神經受損，對作家來講可不妙，對任何人而言都是。

採訪者：對於有志成於作家的人，你覺得什麼是最好的思想訓練？

海明威：我就這麼說吧，他們該出門找地方上吊自殺，因爲他們發現要寫出好東西實在超級困難。然後他們就該狠心降低標準，逼自己一輩子只要盡全力把東西寫出來就可以了。至少他們就有一個關於上吊的故事可以開啓寫作生涯。

採訪者：還有那些已經進入學術界的人呢？很多作家同樣也在教書，你覺得他們對自己的文學生涯做出妥協了嗎？

海明威：這取決於你所謂妥協是什麼意思？是像有些女人那樣被迫出賣自

己的身子？還是像政客那樣做出妥協？還是跟雜貨店老闆或裁縫打商量，說你會多付一點錢，但是先讓你賒帳？作家如果會寫作又會教書，那就應該能把兩件事都做好。很多厲害的作家都證明了這一點。我知道自己辦不到，但我很崇拜那些能兼顧兩種身分的人。不過，在我看來，任誰一旦走進了學術的象牙塔，他們對於外在世界的體驗有可能就此停止，這很可能會限制了他們持續吸收這世界的知識。但偏偏作家這個行業對於知識的要求是很高的，寫作因此變得難上加難。想要寫出永遠都有價值的東西，就必須全職投入，儘管一天眞正用來寫作的時間只有幾小時而已。我們不妨拿水井來比喻作家。水井跟作家沒兩樣，都是有千百種。重點在於，如果要讓水井裡永遠都有水質甘甜的水，那最好能規律地一點點汲取，可別把水井給抽乾了，然後慢慢等地下水回到水井裡。我想我已經離題了，不過你的問題實在不怎麼有趣。

採訪者：你會建議年輕作家先去報社工作嗎？當年你在《堪薩斯星報》[9]的訓練對寫作有多少幫助？

海明威：《星報》要求我們寫作時用簡單的陳述句。這對任何人都有幫助。去報社工作對年輕作家來講不是壞事，甚至可能有所幫助，前提是不能待太久。這實在是所謂陳腔濫調裡面最陳腐的一種，在此我得要說聲抱歉。不過，要是你只問一些老掉牙的問題，當然只會得到老掉牙的答案。

---

8 《堪薩斯星報》（*Kansas City Star*）：一九一七年六月，高中畢業後年僅十八歲的海明威在叔叔泰勒（Tyler Hemingway）的介紹之下，到密蘇里州堪薩斯城的《堪薩斯星報》當菜鳥記者（cub reporter），負責報導該市聯合車站、總醫院與第十五分局等地點的社會新聞。

採訪者：你曾在《大西洋兩岸評論》[10]上的文章寫道，進入新聞業的唯一理由就是薪水高。你說：「既然寫那些對你來講很有價值的事物會毀掉它們的價值，那至少要爲此賺大錢」。你覺得寫作是某種自我毀滅的行徑嗎？

海明威：我不記得自己寫過這句話。不過這句話聽起來眞是有夠愚蠢又粗暴，好像是我不想苦苦思索出一段有意義的文字，才會寫出來的屁話。我當然不覺得寫作是某種自我毀滅的行徑，不過新聞寫作到了某個階段，對於想認眞進行創作的作家而言，的確會像是每天都在自我毀滅。

採訪者：你覺得跟其他作家爲伍，能促成作家變得更有見識，所以有任何

10《大西洋兩岸評論》（*The Transatlantic Review*）：現代主義重要文學雜誌，主編是英國小說家福特．麥達克斯．福特（Ford Maddox Ford），海明威曾任助理編輯。

價值嗎？

海明威：當然可以。

採訪者：一九二〇年代你僑居巴黎，跟其他作家與藝術家之間有沒有一種「彼此作伴」的感覺？

海明威：沒有，沒那種感覺。不過我們的確彼此尊重。我尊重很多畫家，某些跟我年紀相仿，某些年紀比我大一點，像是格里斯[11]、畢卡索、布拉克[12]、當時還在世的莫內，還有幾位作家，像是喬伊

11 格里斯（Juan Gris）：西班牙立體主義藝術家，大海明威十二歲。

12 布拉克（Georges Braque）：法國立體主義藝術家，大海明威十七歲。

斯、艾茲拉[13]，以及史坦[14]比較厲害那個部分……。

採訪者：寫作時，你會不會發現自己受到當時的閱讀經驗影響？

海明威：喬伊斯寫《尤利西斯》（*Ulysses*）的時候有，之後就沒了。他不算是直接影響了我。但想當年我們熟知字詞都被禁用，常常必須爲了要使用某個字眼挺身抗爭，他那本小說帶來的影響之大，改變了一切，讓我們有辦法擺脫種種限制。

採訪者：你能從那些作家身上學到關於寫作的東西嗎？昨天你告訴我，像是喬伊斯就壓根不屑去談寫作。

---

13 即美國詩人龐德（Ezra Pound），比海明威大十四歲，曾經很照顧初到巴黎的海明威。龐德因爲政治立場偏向義大利，二戰後遭美國政府以叛國罪求處死刑，但在藝文界奔走下倖免，長年遭拘禁於精神病院。

14 葛楚・史坦（Gertrude Stein）也是海明威剛到巴黎時對他很照顧的作家之一。後面海明威會提及。

海明威：我們這些作家跟同行在一起時，難免會談論其他人的作品。作家越是厲害，就越少談論自己的作品。喬伊斯是個非常偉大的作家，如果你發現他在對你解釋自己寫了些什麼，那你就是笨蛋了。至於他尊敬的其他作家，只要閱讀他的作品就知道他寫的是什麼了。

採訪者：近年來你似乎刻意避免與其他作家來往。爲什麼？

海明威：這個問題更爲複雜。寫作這行幹得越久，就越會發現自己是孤身一人。你大部分的摯友和老友不是去世，就是搬走了。你見到他們的機會很少，但光是透過通信，就能和他們持續交流，就像一起泡在咖啡館的往日時光那樣。你們通信的內容很好笑，色色的卻無傷大雅，寫一些不負責任的話，幾乎跟面對面聊天一樣棒。但你更常覺得孤獨，因爲寫作就是要自己寫，而且創作的時間也會持續變短，如果浪費時間像會覺得自己是在造孽，不可寬恕。

採訪者：你怎麼看待跟你同時代的某些人？他們對你的作品有何影響？如果的確有的話，葛楚．史坦的影響是什麼？艾茲拉．龐德呢？或是麥斯威爾．柏金斯[15]？

海明威：抱歉，但我的確不擅長這種驗屍工作。這種事只要交給那些文學的和非文學的法醫來處理就好了。關於史坦小姐對我的影響，她曾在書裡用相當篇幅來處理，其中不準確的地方太多了。從她描述我們那一段往事的方式看來，肯定是讀過那本叫做《太陽依舊升起》（*The Sun Also Rises*）[16]的小說，所以才學會怎樣寫對

---

15 麥斯威爾．柏金斯（Maxwell Perkins）：發掘海明威的史氏出版社（Scribner's）編輯，兩人之間的合作關係長達二十年。柏金斯逝於一九四七年。

16 《太陽依舊升起》（*The Sun Also Rises*）：海明威的最早代表作，於一九二六年出版。

話。我還蠻喜歡她的，也覺得她能學會寫對話是好事一件。無論是從在世或已去世的人身上學東西，對我而言都不是什麼新鮮事，但我不知道這對葛楚會有這麼激烈的影響。撇除對話的部分不論，先前她的作品在其他方面都已經有很棒的表現。如果是自己眞正了解的東西，艾茲拉總是有非常深刻的領悟。我說這些不會讓你覺得無聊嗎？這種上不了檯面的文學八卦實在讓我感到噁心，就像把三十五年前的髒衣服拿出來洗。要是過去曾有人試著把眞相全盤托出，那就不一樣了。我的話也就有點價值。在這裡，更簡單也更好的做法是對葛楚表達謝意，因爲她讓我學會了詞語之間的種種抽象關係——就跟你說我很喜愛她吧。我還要重申自己確信艾茲拉是個偉大詩人和忠心的朋友，而且我實在是太愛麥斯威爾·柏金斯，直到今天我還是不能接受他已經去世。他未曾逼我改稿，只有要求我刪掉某些當年不能出現在書籍報刊上的字眼。讓那些字眼該出現的地方留下空白，明眼人都知道是什麼意思。我從來沒把他當成一位編輯。他是我睿智多聞的朋友，了不起的好同伴。我喜歡他戴帽子的方式，還有他嘴唇動來動去的怪模樣。

採訪者：你覺得你的文藝界前輩們，也就是你從他們身上學到最多的，有哪些人？

海明威：馬克．吐溫、福樓拜、司湯達爾、巴哈[17]、屠格涅夫、托爾斯泰、杜斯妥也夫斯基、契訶夫、安德魯．馬維爾[18]、約翰．多

17　海明威曾說他很喜歡聽巴哈的古典樂。

18　馬維爾（Andrew Marvell）：十七世紀英國詩人、作家、政治家。

恩[19]、莫泊桑、好的那一部分吉卜林、梭羅、馬里亞特船長[20]、莎士比亞、莫札特、克韋多[21]、但丁、維吉爾[22]、丁托列托[23]、波許[24]、布魯蓋爾[25]、帕蒂尼爾[26]、哥雅、喬托、塞尚、梵谷、高更、聖十字若望[27]、貢戈拉[28]——太多了，得要用一整天才能把所有人講完。要真是那樣，聽起來就像是我在假裝自己有多博學

19 約翰·多恩（John Donne）：十六、十七世紀英國詩人。

20 馬里亞特船長：即Frederick Marryat，十九世紀的英國船長兼作家，有海洋小說開創者的美稱。

21 克韋多（Francisco de Quevedo）：十七世紀西班牙詩人。

22 維吉爾（Virgil）：拉丁原名Publius Vergilius Maro，維吉爾（Virgil）為其英語化名字。古羅馬最偉大的詩人之一。

23 丁托列托（Tintoretto）：文藝復興晚期義大利畫家。

24 波許（Hieronymus Bosch）：十五、六世紀尼德蘭畫家。

25 布魯蓋爾（Pieter Brueghel）：十六世紀法蘭德斯畫家（生於今比利時布魯塞爾）。

26 帕蒂尼爾（Joachim Patinir）：十六世紀法蘭德斯畫家，風景畫的先驅。

27 聖十字若望（San Juan de la Cruz）：十六世紀西班牙神父兼神祕學家。

28 貢戈拉（Luis de Góngora y Argote）：十六、七世紀西班牙詩人。

多識，而不是要試著想起我的人生與作品受過哪些人影響。這問題一點也不無聊。這是個很棒但又很嚴肅的問題，任誰都該摸著良心回答。我也把畫家納進來，其實只是列出影響我的其中幾位而已，因爲無論從畫家或作家身上，我學到的寫作本領一樣多。要是你問我這是怎麼一回事，那又要多花一天來解釋。就這麼說吧，我覺得作家顯然也能向作曲家學習，和聲和對位法都對寫作有所啓發。

採訪者：那你會演奏樂器嗎？

海明威：以前我會拉大提琴。曾有一整年我媽刻意不讓我上學，要我好好學音樂和對位法。她以爲我有本領，但我絕對沒有天賦。我們演奏過室內樂，特地找人來拉小提琴，我姊拉中提琴，我媽彈鋼琴。我的大提琴程度眞是全世界最爛。不過，那一年我當然也做些其他事情。

採訪者：你列出來的這些作家裡，有誰的作品你會拿來重讀嗎？例如馬克·吐溫？

海明威：讀過他的作品後得等個兩三年再重讀，因爲記得太淸楚了。每年我都會讀一些莎士比亞，通常是《李爾王》。讀他的東西能讓人提起精神。

採訪者：照你這樣說，你閱讀從不間斷，而且充滿樂趣。

海明威：我總是在讀書，有多少書就讀多少。我會安排自己的閱讀量，讓我總是有書可讀。

採訪者：你讀過草稿嗎？

海明威：除非眞的認識作者，否則讀了草稿可能會惹來麻煩。幾年前有人告我抄襲，他說我的小說《戰地鐘聲》（*For Whom the Bell*

Tolls）跟他未發表電影腳本很像。他曾在某個好萊塢酒會上朗讀過那一部腳本。他宣稱當時我在場，至少有個叫「厄尼」的傢伙在那兒聽他朗讀。光憑這一點他就要跟我求償一百萬美元。另外他也告了《騎軍血戰史》（*Northwest Mounted Police*）和《小子西斯科》（*Cisco Kid*）兩部電影的製片，說是他們也抄襲了那部未發表劇本。這件事鬧上法院，打贏官司的人當然是我。結果那傢伙根本是個窮光蛋，只是想趁機敲詐。

採訪者：我們能否回談一下剛剛那份清單裡的某位畫家，例如波許？他的畫作常以惡夢夢境爲象徵，似乎和你的作品差很多。

海明威：我做過那些惡夢，也知道別人的惡夢，但不一定要寫出來。你眞正了解的東西，就算略去不寫，還是會在字裡行間表達出來。反之，如果作家略去的是自己不了解的東西，那就會讓自己的文字出現許多漏洞。

採訪者：這是不是意味著，因爲你非常了解那些前輩們的作品——容我借用你先前的比喻：所以你的「水井」才能保持盈滿？意思是，你能清楚意識到他們對你寫作技巧的發展有所幫助？

海明威：我之所以學會了如何觀察、聆聽、思考、感知以及不去感知、寫作，他們的確是助力之一。作家的「料」都在水井裡。任誰都不知道「料」的材質是什麼，尤其不了解自己有什麼料。我們能知道的只有自己有沒有料，還是要等一會兒才有。

採訪者：你會承認自己的小說有使用象徵技巧嗎？

海明威：我想應該有吧，因爲文評家老是喜歡在我的作品中尋找象徵。如果你不介意的話，我不想談這個話題，也不喜歡回答相關問題。光是要寫書和寫短篇小說已經夠難了，更何況還被要求解釋自己寫了些什麼。而且如果由我自己來解釋，那些文評家不就都失業了？如果有五、六個，甚至更多優秀的文評家持續進行詮釋，我何苦要干涉他們呢？想要讀我的任何作品，那就以獲得閱讀的樂趣為目的。如果有其他發現，那都是你在閱讀以前就有的想法，以為自己靠閱讀獲得的。

採訪者：針對這方面我只剩最後一個問題，我們有一位編輯顧問想知道你是不是在《太陽依舊升起》中使用了比喻的手法，把鬥牛場的牛跟小說的衆多角色連結了起來。他說，全書第一句話說勞勃．康恩會拳擊[29]。後來，在鬥牛被放進牛欄之際，根據你的描述，鬥牛像拳擊手一樣用牛角左鉤右刺。就在犍牛被放進牛欄後，鬥牛

---

29 小說第一句話是這樣說的：「勞勃．康恩是普林斯頓大學中量級拳擊冠軍」。勞勃．康恩（Robert Cohn）是小說主角傑克．巴恩斯（Jake Barnes）的朋友。

被吸引，平靜下來。緊接著，勞勃·康恩本來想揍人，但也聽從了勸架的傑克，而傑克正是和犍牛一樣被閹割的。顧問覺得你把麥克[30]比擬爲騎馬的鬥牛士，不斷挑釁康恩。我們那位編輯顧問的長篇大論還不只如此，總之他想知道你是否刻意把鬥牛儀式跟小說的悲劇結構進行對照。

海明威：聽來你們的編輯顧問有點古怪咧。誰說傑克「跟犍牛一樣都被閹割了」？其實他受傷的地方不是那裡，他的睪丸也完完整整，沒有受損啊。所以他跟任何男人一樣都會有感覺，只是沒辦法圓房。重點在於他是身體受傷而不是有心理創傷，而且他也沒被閹割。

30 麥克·坎貝爾（Mike Campbell）在小說中也是個退伍軍人，有酗酒的習慣。

採訪者：這些探究寫作技巧的問題還眞是煩人。

海明威：問題如果合情合理，既不會讓人開心，也不會煩人。但我還是認爲作家不該談論自己怎麼寫作。寫作就是爲了讓人閱讀，沒必要多做解釋，也不需要有人另外寫博士論文來討論。初次讀完後再重讀，收穫肯定會比第一次閱讀時還多，但作家並沒有必要多做解釋。難不成還要他們親自充當導遊，幫讀者導覽作品中比較困難的地方？

採訪者：接下來是個相關的問題。我記得你曾告誡其他作家，千萬別討論自己正在創作的東西。危險的地方在於，可能「說著說著就寫不出來了」。理由何在？我會這麼問，是因爲有許多作家似乎都曾透過聽衆的反應來潤色自己寫作的材料，現在能想到就有馬克・

吐溫、王爾德、瑟伯[31]、史蒂芬斯[32]。

海明威：我不認爲馬克·吐溫會先把《哈克歷險記》（*Huckleberry Finn*）的故事先說給別人聽，藉此來「試水溫」。如果他眞的做過那種事，那好的部分可能早就被刪掉，加入糟糕的東西。據認識王爾德的人說，他講的話的確比寫出來的文字更厲害。史蒂芬斯也是口才勝過文筆。無論是他的文字或言論，有些時候都挺讓人難以相信的，我還聽說，他講過的故事會隨著他年紀增長而改變。如果瑟伯的口才跟他的文筆一樣好，那他肯定是最會講話的人，也最不無聊。我認識的人裡面，講起自己的行業時能講得最精彩、

31 瑟伯（James Thurber）：美國幽默作家、漫畫家。

32 史蒂芬斯（Lincoln Steffens）：美國知名調查記者與作家。

最有趣，而且嘴巴最賤的，莫過於鬥牛士胡安．貝爾蒙特[33]。

採訪者：你早已發展出一種鮮明的風格，但你說得出這過程中歷經多少深思熟慮的努力嗎？

海明威：這個問題非常累人，答案需要用很長的才能說完。而且如果我用兩天兩夜來回答，寫作時會變得綁手綁腳，沒辦法繼續創作。也許我會說，所謂風格，在外行人眼裡往往只是初次用迄今沒有人嘗試過的方式去試著創作，而無可避的是怎麼創作都不對勁。一部新的經典誕生時，幾乎總是不會和過去的經典相似。一開始人們只會注意到那種不對勁的地方，接著就不會那麼容易察覺到

33　胡安．貝爾蒙特（Juan Belmonte）：西班牙鬥牛士，與海明威年紀相仿，兩人結爲好友。海明威在《太陽依舊升起》和《午後之死》（*Death in the Afternoon*）裡面都曾提及貝爾蒙特。海明威用槍自殺後一年，貝爾蒙特也因爲健康問題而隨老友用槍走上絕路。

了。等到那些文字再以不對勁的方式出現時，大家都以爲不對勁的地方就是風格，接著被很多人一窩蜂模仿。這眞令人遺憾。

採訪者：你曾經說過，你有一些小說作品都是在很單純的情況下寫出來的，而這可能具有相當啓示性。你能否就這一點來談談短篇小說〈殺手們〉（"The Killers"）、〈十個印第安人〉（"Ten Indians"），還有獨幕劇〈今天是星期五〉（*Today is Friday*），三者都是在一天內寫完的。或許你也可以說說看你的第一部長篇小說《太陽依舊升起》？

海明威：我看看。《太陽依舊升起》是我生日那天，也就是七月二十一日，在瓦倫西亞（Valencia）開始動筆的；我和妻子海德莉提早去那裡買票，想要搶到在七月二十四日開展的節慶[34]的好座位，以便觀賞鬥牛。當時每個和我同輩的作家都已經寫出了第一本小說，我卻連一個段落都生不出來。所以我在生日當天開始寫作，利用早上在床上寫，整個節慶期間都沒停，然後出發去馬德里繼續寫。那裡沒有節慶，所以我們弄到一個有桌子的房間，用大錢換來舒服的寫作環境。飯店不遠處，街角就是阿瓦雷茲巷（Pasaje Alvarez），有一間挺涼爽的啤酒屋，我也去那裡寫。最後實在是熱到寫不下去了，我們就去了昂代伊[35]。在那片又長又寬又美的沙灘旁，有一家便宜的小旅館，入住後我寫得非

34 節慶（feria）：指「瓦倫西亞七月節慶」（Feria de Julio de Valencia），是自一八七一年起開始舉辦，結合鬥牛表演、音樂會的年度盛會。

35 昂代伊（Hendaye）：法國西南部濱大西洋小鎮，與西班牙城鎮伊倫（Irun）相鄰。

常順利。接著我們北返巴黎，回到我們那間位於鋸木廠樓上的公寓，地址是原野聖母院街一一三號，在家裡完成了初稿，距離動筆當天已經六週。我拿初稿給小說家內森·艾許（Nathan Asch）看，他用帶有濃濃波蘭口音的英語說：「老海，你說你寫了一本小說？這是小說嗎？老海，你寫的這根本是遊記。」內森的話沒讓我打退堂鼓，我把小說重寫了一遍，到奧地利福拉爾貝格州（Voralberg）滑雪勝地施倫斯（Schruns）去玩的時候，還住在陶伯飯店（Hotel Taube）裡改稿，把故事裡旅行的部分保留下來——旅行是小說中西班牙釣魚之旅，到潘普洛納（Pamplona）看鬥牛這兩件事最棒的部分。

你提及的那些作品，都是我某年在馬德里時用一天寫完的，還記得當天是五月十六日，聖伊斯卓節（San Isidro）的鬥牛活動因為下雪而停賽了。我先動手寫完〈殺手們〉，這短篇小說是我先前就試著寫過，但沒有成功。吃了午餐後我上床取暖，在床上寫出《今天星期五》。那天我的料特別多，還以為自己會不會是瘋了，甚至還想寫其他大概六個短篇。所以我穿上衣服，走到常有鬥牛士光顧的老咖啡館佛諾斯（Fornos）喝咖啡，然後回去寫出〈十個印第安人〉。寫了這篇小說讓我很難過，灌了一點白蘭地就去睡了。我忘了吃晚餐，所以有個服務生上樓拿了一些吃的給我，有*bacalao*[36]、一小塊牛排、炸馬鈴薯，和一瓶瓦爾德佩納斯（Valdepeñas）葡萄酒。

那家小旅館是某個老太太經營的，她老是擔心我沒吃飽，所以才

---

36 bacalao：西語的鹽漬鱈魚。

派服務生來。我記得我在床上坐起來吃東西，喝葡萄酒。服務生說他會再送一瓶上來給我。他說，Señora[37]想知道我有沒有要熬整夜趕稿。我說沒有，應該會休息一下。服務生問我，爲什麼不再試著多寫一篇。我說，本來我應該只寫一篇就好。他說：別胡說了，你明明能寫六篇。我說，那我明天再試試。他說：你今晚就試試看吧，不然老太太幹嘛叫我送吃的上來給你？

我說，我累了。他說，你胡說（他的用詞可不是「胡說」兩字，更難聽）。寫了三個不怎麼樣的小故事就累了？把其中一個翻譯給我聽。

我說，讓我靜一靜吧。你不離開，我要怎麼寫？於是我就在床上

37 Señora：西語的女士。

坐起來喝葡萄酒，心想第一個故事要是真有我先前想的那麼好，那我這個作家該有多厲害啊。

採訪者：寫短篇小說時，你的構想有多完整？主題、情節，或者某個角色會在創作過程中改變嗎？

海明威：有時候整個故事我都瞭然於胸。有時候我則是邊寫邊想，不知道成品會是什麼模樣。故事發展的過程中一切都會改變。能夠持續發展，故事才寫得出來。有時候發展得很慢，看起來好像沒有發展。但總是會有改變的，也會有發展。

採訪者：長篇小說也是這樣嗎？還是你在動筆前就會擬定整個寫作計畫，然後嚴格執行？

海明威：寫《戰地鐘聲》時，我每天都得不斷動腦筋。原則上我知道會發生什麼事，但我每天都是一邊寫，一邊想出故事內容。

採訪者：《非洲的青山》（*The Green Hills of Africa*）、《雖有猶無》（*To Have and Have Not*），還有《渡河入林》（*Across the River and into the Trees*）這三個長篇，在你剛開始動筆時是不是只想寫短篇而已，後來才發展成小說？要眞是這樣，長短兩種小說形式豈不是非常相似，作家能夠在兩者之間任意切換，不用徹底改變寫法？

海明威：才不是這樣。《非洲的青山》不是小說，我試著要寫一本內容完全眞實的書，藉此我想看看自己如何眞實描寫某個國家的樣貌，記錄一個月裡發生的事，而這是否能比得上我的虛構作品。寫完這本書以後，我又寫了兩個短篇小說，分別是《吉力馬札羅火山之雪》（*The Snows of Kilimanjaro*）和《法蘭西斯·馬康伯快樂而短暫的一生》（*The Short Happy Life of Francis*

Macomber）。這兩個故事的創作基礎都是我那趟長達一個月的非洲狩獵之旅[38]，途中所獲取的知識和經驗一樣也幫助我寫出了《非洲的青山》。不過，動筆寫《雖有猶無》和《渡河入林》時我的確都是想寫短篇小說而已。

採訪者：你覺得從一項創作計畫切換到另一項是否容易？還是你動筆後總是持續寫完才換另一個計畫？

海明威：爲了回答你的問題，我已經打斷自己認眞進行的工作了，這證明了我實在是有夠蠢，爲此應該受到嚴厲處罰。別擔心，你就接著問吧。

---

38 一九三三年十一月，獲得第二任妻子寶琳（Pauline Pfeiffer）的叔叔葛斯（Gus Pfeiffer）的資助（兩萬五千美金），海明威一行人從法國馬賽港出發，前往非洲肯亞進行狩獵活動。不過，根據資料顯示，當時活動是持續十週，到隔年二月才結束。

採訪者：你有把其他作家當競爭對手嗎？

海明威：從來沒有。有幾位已經去世的作家我認爲很有價值，所以試著想要寫得比他們更好，不過那是好久以前的事了。後來我都只是盡力寫到最好而已。有時候我還挺幸運的，能寫出超出自己實力的作品。

採訪者：你覺得作家的實力會隨著年紀變大而衰退嗎？在《非洲的青山》裡面你提到，美國作家到了某個年齡段都會變成像哈伯家老媽子[39]一樣囉哩囉嗦。

海明威：這我不知道。任誰只要清楚自己在做什麼，就應該堅持做下去，直到腦袋不行了。如果你翻閱一下《非洲的青山》，你會發現我

39 哈伯家老媽子（Old Mother Hubbard）：一首英語童謠的主角。

只是隨口說說而已，對著某個毫無幽默感的奧地利人抱怨美國文學。當時我想做自己的事，他卻逼我聊天。我不過是把那一段對話精確記錄下來而已，沒想到要發表不朽的長篇大論。我那些話裡面還是有部分講得不錯。

採訪者：我們還沒討論角色。你作品中的角色都源自於現實生活，毫無例外嗎？

海明威：當然不是。某些的確是源自現實生活，但大致上來講，我都是根據自己對別人的了解、領會與體驗來創造角色。

採訪者：那你的確會把現實生活的人物寫成小說的角色，能談談這種轉化過程嗎？

海明威：有時候我的確會那樣，但如果我解釋自己是怎麼做到的，那恐怕很多律師會把我的招數學走，拿來打毀謗官司。

採訪者：你會像佛斯特那樣區分「平扁」和「周圓」的小說人物嗎？[40]

海明威：如果作家只是描述某個人物，那就像照片一樣平扁，在我看來是失敗的做法。如果能根據自己的了解來塑造，那就會是個多向度的人物。

採訪者：回顧你的寫作生涯，你特別愛自己筆下的哪些角色？

海明威：族繁不及備載。

採訪者：那你喜歡重讀自己寫的書嗎？不會覺得想要修改某些地方嗎？

海明威：有時候我會重讀，但那只是爲了寫作不順利時幫自己打氣，讓自己想起寫作本來就總是那麼困難，有時近乎不可能。

---

40 這是佛斯特（E. M. Forster）在小說理論經典《小說面面觀》（*Aspects of the Novel*）提出的概念，"flat character" 指比較沒有立體感、比較單薄的人物；"round character" 則是較爲複雜而豐富，甚至會隨故事發展而改變。「平扁」和「周圓」的譯名是作家白先勇所提出，一般多譯爲「扁平人物」和「圓形人物」。

採訪者：你怎麼爲角色命名？

海明威：盡我所能。

採訪者：書名都是你在寫故事的過程中想到的嗎？

海明威：不是。無論是寫短篇小說或寫書，我都是在完成後才列出篇名或書名備選，有時甚至多達一百個。接著我開始用刪去法做決定，有時候甚至全部都刪去。

採訪者：有些作品的名稱來自內文，像是〈白象似的群山〉（"Hills Like White Elephants"），也是這樣選出來的？

海明威：沒錯。篇名是故事寫完後才想出來的。那時候在巴黎，偶爾我會在吃午餐前先去普呂尼耶餐廳（Prunier）吃生蠔，某天遇到一個女孩。我知道她墮過胎。我走過去和她聊了一下，沒提那件事，但回家路上我就想到了故事。所以連午飯也沒吃，那天下午就把故事寫完了。

採訪者：所以你沒有寫作的時候一樣會觀察周遭事物，尋找可用題材。

海明威：當然。如果作家不再觀察周遭事物，就完蛋了。但所謂觀察也不是很刻意，或者要認眞想著怎樣利用觀察結果。剛開始時可能是那樣，但到後來作家的一切見聞都會化爲他龐大知識寶庫的一部分。要說我這點見識有什麼用的話，那就是我總會試著根據「冰山理論」去寫作。像冰山一樣只露出一部分，水面下卻還有八分之七。某些東西如果我是眞的非常了解，那就可以刪掉，因爲這只會讓水面下的冰山更壯大。有些作家刻意省略掉一些地方不寫，那是因爲他們不了解，那故事就有了漏洞。[41]

41 這一番「八分之七的冰山」的說法首次出現在海明威的寫作理論與鬥牛論述經典《午後之死》（一九三二年出版）。

我大可以把《老人與海》（*The Old Man and the Sea*）寫成一千多頁的小說，仔細描述每個村民，寫出他們是如何謀生、出生、受教育、生小孩等等。這種寫法有些作家能做得非常精采熟練。在寫作這一行，凡是有別人做得很好的事，那就不該去碰了。所以我就試著開拓另一條路。首先，在向讀者傳達體驗的時候，我會試著把沒有必要一切都刪掉，讓他們讀過後就把我的文字化爲自身體驗的一部分，好像眞的經歷過一樣。這做起來很困難，我花了很大的力氣去做。

總之，關於我是怎麼做到的，在這就先省略了。這次我運氣非常好，可以把先前任何人都沒有傳達過的體驗完整地傳達給讀者。

讓我有這等好運的是小說裡的那一老一小[42]，而近來作家們都已經忘記其實可以寫這麼單純的東西了。另外，大海和人一樣值得書寫。所以在這方面我很幸運。我見過馬林魚交配，對這件事很了解，所以我可以把這部分省略掉。我在同一個水域見過一群（或一大群）總計五十多隻抹香鯨，有一次還用魚叉叉中其中一頭將近六十英尺長的[43]，結果讓牠逃走了。所以我把這部分也省略了。我還略去了所有我知道關於漁村的故事。不過，我略去的一切知識都變成冰山水面下的部分。

採訪者：阿奇博德．麥克萊許[44]曾提及一個向讀者傳達體驗的方法，說是

42 《老人與海》的主角老漁夫聖地牙哥和非常喜歡他的小男孩馬諾林。

43 大約十八公尺，相當於兩輛公車的長度。

44 阿奇博德．麥克萊許（Archibald MacLeish）：美國詩人、作家，曾三度獲得普立茲獎。僑居巴黎的時代曾是海明威的朋友。

你在《堪薩斯星報》報導棒球比賽時發明的。說來其實簡單，就是透過那些自己私心最愛的小細節來傳達體驗，讓讀者意識到他們本來只是在潛意識中知道的東西，藉此來全盤展現體驗……

海明威：這是有人掰出來的啦。我從來沒幫《星報》寫過棒球報導。阿奇試圖回憶起的，是一九二〇年左右我在芝加哥嘗試學習寫作的往事。那時候，我總是刻意尋找某些一般人沒能察覺，但卻又能觸動情感的東西，例如：外野手把手套往後丟，壓根沒回頭去看手套掉在了哪裡；拳擊手帆布平底運動鞋鞋底樹脂發出的吱嘎聲響；知名拳手傑克·布雷本（Jack Blackburn）剛出獄時那一身灰色皮膚；還有其他我記下來的東西，就像畫家素描那樣歷歷在目。關於布雷本，一般人都只看到他的生平，但我注意的是他奇怪的膚色、剃鬍子時留下的舊刀傷，還有他把對手打到轉圈圈的拳法。我必須要先觀察到這些觸動人心的要素，接著才能想出整個故事。

採訪者：有沒任何事件或場景是你未曾親身經歷過的，但卻還是用文字描述了出來？

海明威：這問題很怪。你說的親身體驗，是透過我的身體去體驗嗎？如果是，那答案是肯定的。任何還算不錯的作家都不會直接把自己的體驗描述出來。他們會創造，或者以個人和非個人的知識爲基礎，把想寫的東西營造出來。有時候，他們可能會有某些莫名其妙的知識，來自於已經被遺忘的種族或者家庭經歷。有人教鴿子怎樣飛回鴿巢嗎？鬥牛的勇氣是哪裡來的？獵狗又是怎樣獲得那麼厲害的鼻子？上次在馬德里的時候我腦袋不太清醒，所以這算是詳細解釋了我們當時的談話內容，或者說是我們談話內容的精華。

採訪者：在把某個經歷寫成小說內容之前，你對那次經歷必須保持多高的客觀程度？例如，你在非洲經歷過的幾次飛機失事意外？

海明威：這取決於經歷的性質。在我心裡，總是有一部分會從頭到尾冷眼旁觀，但另一部分卻又全心參與。在經歷某件事後，是不是很快就該把事件寫出來？我覺得這沒有固定的答案。一切都取決於當事人是否調整得當，還有本身的復原能力有多高。當然，對訓練有素的作家來說，飛機墜落起火的體驗非常寶貴。他立刻就能學到好幾樣重要的東西。這到底有沒有用，就要看他是否能以作家的身分活下去。不只是活下去，還要有辦法榮耀自己。這很重要但說起來卻又那麼老掉牙，但對於任何作家來講都是重中之重，而且從古到今都很難辦到。沒能撐下去的作家總是更受喜愛，因爲任何作家爲了在死前完成那些他們認爲應該完成的事情，都必須持續奮鬥，但他們因爲撐得不夠久，也就沒人看到他們奮鬥的過程有多漫長無聊、不屈不撓、未獲憐憫。那些早早死掉的作家，或是找到充分理由就早早輕易放棄的作家往往會受到偏愛，因爲他們容易理解，看來充滿人性。其實他們就是失敗，把自己的懦弱好好的僞裝了起來，所以顯得更有人性，所以就更受喜愛。

採訪者：對於自己身處時代的社會政治問題，你認爲作家該保持多少程度的關心？

海明威：每個人都有自己的良知，而良知的影響力因人而異，這種事不該由規則來限制。我可以確信的只有一點：如果我們面對的是一位政治傾向很強的作家，如果他的作品流傳了下來，那麼在閱讀時就該跳過其中關於政治的部分。許多所謂涉入政治的作家像牆頭草，頻頻更換陣營。這對他們來講很刺激，也會促使他們的政治與文學觀持續發展。他們有時候甚至必須重寫自己的觀點……而且動作要快。或許他們也該獲得尊重吧，畢竟這也是某種追求幸福的方式。

採訪者：你的老友艾茲拉·龐德對種族隔離主義者卡斯帕[45]產生了深遠的政治影響。即便如此，你還是堅信龐德不應該繼續被關在聖伊莉莎白醫院嗎[46]？

海明威：是，我的立場一點也沒改變。我認爲應該釋放艾茲拉，而且只

---

45 卡斯帕（John Kasper）：美國的政治異議人士，是立場激進的三K黨（Ku Klux Klan）成員。

46 一九五八年，華府的聯邦法庭撤銷了對於詩人龐德的所有指控，藉此讓他能夠離開聖伊莉莎白醫院（St. Elizabeth's），結束長年的拘禁。

要他承諾能遠離政治，他應該獲准回義大利繼續寫詩。至於卡斯帕，我則是很想看他被關進監獄，而且越快越好。偉大的詩人不一定有資格當女童軍或童子軍幹部，抑或是青年的典範。我就舉幾個例子吧：難道我們該把魏爾倫（Verlaine）、韓波（Rimbaud）、雪萊（Shelley）、拜倫（Byron）、波特萊爾（Baudelaire）、普魯斯特（Proust）、紀德（Gide）都關起來，只因爲他們身邊有卡斯柏那樣的人物，如此一來可以避免他們的思想、舉止和德行被模仿？我敢打包票，十年後有人提到卡斯柏的時候會需要註腳來介紹他。

採訪者：你覺得自己有任何一部作品是用來說教的嗎？

海明威：說教這兩個字眞是被用錯和用壞了。《午後之死》就是一本有教育意義的書。

採訪者：有人說，作家只會在自己的作品裡傳達一兩個想法。你認爲自己的作品也只是反映出一兩個想法嗎？

海明威：誰說的？這種說法也太簡化了。說這話的人自己可能就只有一兩個想法。

採訪者：那麼，也許我該換句話說才好：英國小說家格雷安・葛林（Graham Greene）說過，一整個書架上的小說都只是反映出某種具有主導地位的激情，這激情能把所有小說融而爲一，變成整個體系。我記得你自己就說過，對於這世間的不公不義感到義憤塡膺，才能寫出偉大的作品。你認爲小說家是否一定要胸懷這麼強烈的使命感？

海明威：葛林先生有本事能發表這種聲明，我沒有。我沒辦法一桿子打翻整個書架的小說、整群野鳥或整窩野雁。不過我還是會試著概括一下。小說家要是沒有正義感，無法感覺不公不義的存在，那就乾脆別寫小說了，還不如去幫特殊學校編畢業紀念冊。容我再概括一下。我想你也懂，凡事只要足夠明顯，就沒那麼難懂了。對於好作家而言，絕對不可或缺的天賦就是一具內建式屁話偵測器，而且無論怎樣也不爲所動。這就是作家的雷達，所有偉大的作家都有。

採訪者：最後，還有一個最基本的問題：身爲具有創造力的作家，你認爲你的藝術具有什麼功能？爲什麼要用藝術手法再現事實，而不是原原本本地描述事實就好？

海明威：這還用說嗎？根據發生過的事情、既存的事物，根據我所知道和我不可能知道的一切，我就能透過小說藝術來創造，而這並非事實的再現，而是比任何眞實鮮活的事物都更爲眞實的新鮮東西。

在這新鮮的東西誕生後，如果東西夠好，就能永垂不朽。這就是我們爲何要寫作，而不是爲了我們知道的其他理由。不過，如果是爲了我們不知道的其他理由而創作，那又怎樣呢？

HEMINGWAY IN CUBA

海明威在古巴

勞勃・曼寧（Robert Manning）

採訪於一九五四年十二月

收錄於《大西洋月刊》（The Atlantic Monthly），一九六五年八月號哈瓦那後港的海岸上，一艘執拗的廢船停在乾船塢裡，隨著時間流逝慢慢腐朽。船上的引擎和昂貴的釣具都被拿走了。船名「琵拉號」[1]這幾個字雖已褪色，但仍在船尾上清楚可見。瑪莉・海明威[2]說：「其他任何人都不准駕駛琵拉號。」先前她希望能將這艘遊艇拖到科希瑪港（Cojimar）外海的捕魚海域，將其沉入海中，而就是在那海域上，有一位「獨自在灣流[3]中釣魚八十四天卻一條魚也沒釣到」的老人遭受了最後的打擊。結果，古巴卡斯楚政府的繁文縟節終究讓瑪莉無法如願，所以「琵拉號」現在只能在加勒比的烈日下持續衰敗腐朽。

---

1 琵拉號（Pilar）：這艘遊艇是海明威在一九三四年購入，Pilar是第二任妻子寶琳（Pauline）的小名。後來，海明威以西班牙內戰爲主題的小說《戰地鐘聲》裡面有個強悍的女游擊隊員，也叫做「琵拉」。

2 瑪莉・海明威（Mary Hemingway）：海明威的第四任妻子，曾經也是個記者。

3 灣流：Gulf Stream，墨西哥灣灣流。

在與哈瓦那相距十英里的小鎮聖法蘭西斯科・德・保拉，坐落著被他命名為*Finca Vigia*（瞭望山莊）的莊園，那裡是海明威離開家鄉後已經落腳很久的地方。瞭望山莊有一座石灰岩大別墅和十三英畝的香蕉田、熱帶灌木叢以及幾處沒有特別照顧的花園。海明威與瑪莉於一九六〇年離開這裡，回到美國後才一年就辭世，但他們留下的這處莊園始終沒太大變化，只是已經由古巴政府改為海明威博物館。過去曾有一些古巴人為綽號「老爹」（Papa）的海明威打理這個地方，如今他們仍在這裡生活和工作，負責管理面積廣闊的庭園和大別墅，遇到訪客時不免還要對他們說：當年「老爹」就是在這泳池裡游泳、在那間大臥室裡寫作，偶爾也會到那高高的白色塔樓上工作，或是從那裡往哈瓦那城區整個哈瓦那都會區眺望。

我們這一整個世代都曾因海明威的作品而深受感動，他一手打造的「海明威傳奇」更是曾讓我們如癡如醉。阿奇博德・麥克萊許曾在詩作裡面這樣描述海明威：「二十歲之前就是退出戰場的老兵／二十五歲成名／三十歲成爲大師」。[4]他在街邊咖啡館喝葡萄酒，跟朋友聊天聊到酒酣耳熱，在左岸夜總會裡飲酒喧鬧。在雨裡獨自走回家。在西班牙的豔陽下大談死亡，還有種種死亡的場景。在坦干依加[5]的青山之間跋涉狩獵，收獲豐碩。到威尼斯的沼地裡用獵槍打野鴨。兩場世界大戰他都參與了戰鬥[6]，留下許多關於戰爭的文字。在西礁島[7]和哈瓦那戀

---

4 詩作名稱是〈狗年月〉（"Years of the Dog"）。

5 坦干依加（Tanganyika）：位於坦尚尼亞，內有非洲最大的三個湖泊：維多利亞湖、馬拉威湖與坦干伊加湖。

6 其實海明威一戰期間到義大利是去當紅十字會的救護車駕駛，後來到前線幫忙送信、送補給品；二次大戰期間他則是以戰地記者身分私組自己的部隊，還曾爲此上了軍事法庭。

7 西礁島（Key West）：佛羅里達州南方外海的礁島，是海明威與第二任妻子從巴黎返回美國後定居的地方。

愛、飲酒，出海釣魚。他大搖大擺走進紐約的圖滋．索爾餐廳（Toots Shor's），成爲《生活》週刊（*Life*）的封面人物，接受莉蓮．羅斯專訪，讓她爲《紐約客》雜誌寫了一篇專文[8]，發言簡直像不用動詞的喬克托族人[9]講話，令人費解。

等到我有機會訪問他之際，他才剛獲頒諾貝爾文學獎，名望來到人生巔峰，但同時也正走向人生的薄暮中。他才五十五歲，但看起來更老；而且前一年冬天他搭乘的飛機迫降烏干達的樹叢，失事後又引發大火，導致他腎臟、頭骨破裂，脊骨有兩根受到壓迫、一根斷裂，還受到嚴重燒傷。再加上他的頭部曾受創六、七次，身上有兩百多處迫擊炮彈

8　一九五〇年五月，《紐約客》刊登了莉蓮．羅斯（Lillian Ross）的專文〈男士們，現在你們意下如何？——海明威的情懷〉（"How You Like It Now, Gentlemen? The Moods of Ernest Hemingway."）。

9　喬克托族人（Choctaw）：北美原住民，過去分布於美國東南部一帶。

片傷疤[10]、膝蓋骨曾被炸到掉下來，還有手腳與鼠蹊部受過的傷加在一起，導致他行動已變緩慢。他曾住過許多地方，但這休閒舒適的古巴別墅對他來講比任何地方都更有家的味道；到了他沒辦法到國外去進行大冒險之際，他會用每次持續幾天的「琵拉號」海釣之旅來替代。

先前我從紐約打電話到聖法蘭西斯科．德．保拉給海明威，他同意在獲得諾貝爾獎後接受我採訪，不過剛開始他是拒絕的，因爲當時我幫忙寫稿的一家雜誌社不久前才幫小說大師威廉．福克納（William Faulkner）刊登了一篇尖銳的深入報導。海明威說：「他好像被你們這些傢伙凌遲，切成了碎片啊。」我的回答是：「不會啊，那篇文章挺不錯的，而且假使作者在動筆前有親身採訪過福克納，會寫得更棒。」

10　海明威曾於一九一八年七月八日在一戰義大利皮亞韋河（Piave River）前線受到奧地利部隊迫擊砲攻擊，後來動了右膝手術，取出兩百二十五片迫擊砲碎片與兩顆機槍彈頭。

海明威說：「你的藉口太爛了。」接著他倒是幫我想出一個新藉口。在被迫休息幾周後，他覺得訪客的到來讓他終於能趁機駕著「琵拉號」出海釣魚。他說：「帶一件厚毛衣，我們要坐船出海。我會跟瑪莉說，你是要來凌遲我，然後用來餵給福克納吃的[11]。」

他派一個叫做雷內[12]的英俊古巴小伙子來哈瓦那機場接我。雷內從小就在海明威的古巴家裡當雜工、司機兼管家，他接過我的行李，裡面有一疊新的黑膠唱片，還有瑪琳・黛德麗[13]在最後關頭託我帶來的一件禮物。她一聽說我要到古巴探望她的老朋友，馬上寄來一張唱片，名爲

11 海明威跟福克納的關係向來不太好，瑜亮情節非常嚴重。

12 這位年輕人就是海明威的管家雷內・維拉瑞爾（René Villarreal），後來他在一九七〇年代移民美國，在二〇〇九年與兒子勞烏（Raul）合寫了一本回憶海明威的書叫做《海明威的古巴兒子》（*Hemingway's Cuban Son*）。

13 瑪琳・黛德麗（Marlene Dietrich）：從德國前往美國好萊塢發展的女星，與海明威交情匪淺。

〈搖動、搖擺、搖滾〉（"Shake, Rattle, and Roll"）——這唱片當時剛剛發行，但按照現在流行搖滾樂發展如此快速的情況看來，幾乎可以跟爪哇猿人一樣被收藏在博物館了。海明威說：「還是我的小酸菜[14]對我好。」看來他的確是覺得禮輕情意重。

海明威高大壯碩。[15]即便我已經看過那麼多關於他的描述和他的照片，眞正見到本尊，最強烈的第一印象還是他塊頭有多大。他赤腳露腿，只穿著一條寬鬆的卡其短褲和一件格紋運動衫，運動衫的後襬沒紮進去。他戴著圓形銀框眼鏡，稍稍眯起雙眼，修剪整齊的白色絡腮鬍下，看來要笑不笑的，那笑容彷彿隨時能變成不屑甚或咆哮。因爲只能

14 海明威幫瑪琳取的暱稱是Kraut，意思是德國酸菜。
15 海明威身高六英尺（約一百八十三公分）。

待在家裡，他變成大肚男，當時體重一定有兩百二十五磅左右[16]，但除此之外絲毫看不出任何鬆垮的跡象，畢竟他還是虎背熊腰，二頭肌和小腿肌肉跟職業美式足球聯盟的線衛一樣發達。

海明威問我：「喝酒嗎？」我爽快說好，他立刻高興了起來，微笑變成大笑。他吩咐雷內去調兩杯馬丁尼，接著說：「還好你會喝酒。打從我要你來古巴，我就一直擔心你不喝酒。前一陣子有個滴酒不沾的攝影師來我這待了三天。我還眞沒遇到這麼冷酷的人。大概全世界就數他最冷酷了吧。居然讓我們在太陽底下連續站了幾個小時。而且還不喝酒。」他的僵硬身體小心地陷入一把鬆軟的大椅子裡，椅子的後背、兩側把手和坐墊上都墊著大本的藝術書籍和圖畫書，藉此支撐他受傷的後

16 約一百一十公斤。

背。

海明威小酌一口，接著對我說：「欸，如果你發現我講話開始用單音節的字，或者不用動詞，就得提醒我一下，因爲我平常不會那樣講話。她〔莉蓮．羅斯〕跟我說，想寫一篇向海明威致敬的文章。聽她這麼說，我就同意在紐約跟她見面了」。他邊笑邊說：「我跟她是老相識了。她寫第一篇重要報導時我還幫了點忙，就是那篇關於鬥牛士薛尼．富蘭克林[17]的文章。」

海明威說：「今晚我願意聊聊天，因爲我從來不在晚上工作。夜間的思緒和白天的思緒截然不同。腦子到夜裡經常停機。要是晚上幹活，到了白天總是要重做一遍。所以我們就聊聊吧。不過我先聲明啊，我講

17　薛尼．富蘭克林（Sidney Franklin）：第一位揚名立萬的美國鬥牛士，海明威曾在《午後之死》裡面讚賞他。

的話就只是聊聊而已。不過，只要是我寫出來的東西，一定都是很認真。」

客廳長度將近五十英呎[18]，天花板很高，白亮牆壁上掛著的畫作不多，但都是海明威精心挑選而來（包括一幅米羅[19]、兩幅胡安・格里斯[20]、一幅克利[21]、一幅布拉克[22]〔後來在別墅裡失竊了〕，還有五幅安德烈・馬松[23]的畫作），和幾個獵物的頭部標本，都是他遠征非洲狩獵的戰利品。另一個房間裡掛著海明威的油畫肖像，只見三十多歲的他身

18　約十五公尺。
19　胡安・米羅（Joan Miró）：超現實主義的代表畫家，與畢卡索、達利並列西班牙後現代三大藝術家。
20　胡安・格里斯（Juan Gris）：西班牙立體主義畫家。
21　保羅・克利（Paul Klee）：德國表現主義、立體主義畫家。
22　喬治・布拉克（Georges Braque）：法國立體主義畫家與雕塑家。
23　安德烈・馬松（André Massons）：法國超寫實主義畫家。

穿飄逸的開領白襯衫，不遠處的入口可通往鋪著磁磚的餐廳。海明威說：「那是沃爾多·皮爾斯（Waldo Pierce）以前幫我畫的，畫上面還寫著『獻給厄內斯特，別名青年巴爾扎克』[24]。瑪莉很喜歡，所以就擺在這常可以看到的地方。」

他搓一搓又密又捲的白色絡腮鬍，解釋他爲什麼要留鬍子：要是把鬍子刮掉，在太陽下待久了皮膚就會曬到發痛。他說：「到了耶誕節我就會把這煩人的鬍子剃了，以免跟聖誕老人撞臉。如果我能讓我這張老臉休息個兩三星期都不要曬到太陽，也許就可以不用留鬍子了。總之，希望如此。」

客廳的寬敞角落裡立著一個六英尺高的架子，架上擺滿了幾十本來

---

24 沃爾多·皮爾斯（Waldo Pierce）：皮爾斯是海明威的長年好友與旅伴，一戰結束後不久兩人就認識。一九三七年十月海明威登上第十八期《時代》封面，就是用這幅畫肖像畫。

自美國、倫敦和巴黎的雜誌，還有報紙。書本隨意亂堆，散落在窗臺、桌子上，沿路遍布到兩個相鄰的大房間裡。其中一間是三十乘二十英尺的藏書室，書架都是高到頂著天花板，就快被書給壓垮了。另一間是海明威的臥室兼書房，空間很大卻也擁擠，遍地都是信件，有些他還在看，有些根本被遺忘了。一疊疊開啓過的信件整齊擺好，旁邊還有一些是已經蓋過章並寫好地址的回信：幾個厚紙板箱子裡堆著已經滿出來的信件，有些打開了，想必他已讀過，可能某天會被歸檔；兩個檔案櫃裡面有什麼祕密資料，大概就只有那位來自哈瓦那的兼職速記員最了解，每當海明威夫婦有需求時他都會來待個一兩天。還有一塊巨大的連頭獅皮，張大的嘴裡塞著六、七封信和兩個馬尼拉紙信封。海明威解釋道：

「那些都是急件。」

別墅裡似乎到處都是書，光是瑪莉・海明威的臥室裡就有將近四百本，其中二十幾本是食譜。在那超大的起居室裡，還有五百多本，主要是小說和歷史、音樂類書籍。有個地上貼著典雅磁磚的房間他們稱之爲「威尼斯房」，裡面另有三百本書，以法語寫成的歷史類書籍和小說爲大宗。那擺滿高大書架的藏書室裡收藏著將近兩千本書，仔細地按照歷史、軍事、自傳、地理、自然史等類別擺好，有一小部分是小說，還有大量地圖。光是海明威的臥室裡，就有九百本書，大多是軍事手冊、體育類書刊和西班牙語的教科書、史地類書籍。他在塔裡另外擺著四百本書，其中包括他自己作品的外國譯本，而瞭望山莊的小客房裡也有大約七百本書，滿滿地堆放在書架和桌面上。海明威去世後，他太太只拿得走一些畫作和私人物品，除此之外，所有的這些書藏書，包括許多同時代作家親筆簽名的作品，都遭卡斯楚政權扣押在別墅裡。

廚房裡傳來聲響和香味，看來是正在準備晚餐。山莊的酒窖定期補足來自法國和義大利的醇酒，雷內去下面拿了兩瓶葡萄酒上來，都是來自一個很棒的波爾多酒莊。溫柔的熱帶夏夜裡，室外的聲音開始熱鬧起來。幾隻狗的叫聲從遠方傳來。別墅不遠處，一隻貓頭鷹發出短促尖銳的陣陣叫聲。海明威說：「那隻該死的貓頭鷹，牠會像這樣叫一整晚。牠是年資比我們更久的瞭望山莊住戶。」

他突然說：「我對創作這件事充滿敬意，但對作家卻一點敬意都沒有，只覺得他們是進行創作的工具。當作家故意把自己封閉起來，不再去體驗生活，或是因爲有什麼缺陷而被迫離世隱居，他的創作能力會逐漸縮減，就像人的四肢如果不用就會萎縮。」

「我這不是在提倡每個人都該用力過活，或者說這才是最棒的生活方式。任何人若成了運動員，無論這是幸運或不幸，都該保持身材。身心是密切相關的。身體的脂肪太多，腦袋可能也會這樣。儘管我不知道靈魂是否存在，但我不禁想說，如此一來靈魂也會變得脂肪太多。」他停下沉思，彷彿在反省著自己遍體疼痛，肚子太大、血壓太高，還有身上肌肉已經因爲太多星期沒用而快廢了。「不過，我想每個人遲早都會遇到這種脂肪過多或廢掉的過程，而且兩者都差不多糟糕吧」。

先前他讀過一些醫學新知，發現各種節食方式、養生法或療法就算對某人奏效，對另一個人來講未必有用。「說眞的，這道理在我們的許多古老諺語裡就有了。但現在醫界發現，一部分人比其他人需要做更多運動；一部分人比其他人受酒精影響更大；一部分人比其他人對於虐待的耐受能力更高」。

「就像拳王普里莫・卡內拉（Primo Carnera）。他是個大好人，但塊頭實在太大太笨拙，感覺好悲哀。或是湯瑪斯・沃爾夫[25]那個傢伙，講話老是不經大腦。還有史考特・費茲傑羅，喝了一點酒就出糗」。[26]他指向房間另一頭的長沙發說，「如果史考特和我們一起喝酒，等到瑪莉叫我們去吃晚餐的時候，他應該還能站起來，但起身後就會跌倒。酒精對他來講跟毒藥沒兩樣。我說的這些傢伙都各有弱點，也因此獲得了同情和偏愛，有時候比沒有他們那些缺點的人更受眷顧」。

當然，成年後的海明威在大部分時間裡是個不折不扣的酒鬼，而且總是喝不醉。不過在這方面，他實際上的自制力可眞遠比傳聞中還要高強。認眞工作時，他除了佐餐的一兩杯葡萄酒以外，往往是滴酒不沾

25 湯瑪斯・沃爾夫（Tom Wolfe）：本名Thomas Kennerly Wolfe Jr.，致力於新聞寫作，被譽爲「新新聞主義之父」。

26 海明威與沃爾夫、費茲傑羅都是由編輯麥斯威爾・柏金斯所發掘。

的。他會在破曉之際或之後的半小時內起床，到早上十點或十一點時，始終是全神貫注寫作，而等到他開始放鬆休息，其他人才剛動工沒多久呢。

和早年一樣，晚年海明威的寫作速度還是極度緩慢。他大多是用手寫字，往往是站在臥室的一個書櫃前寫，偶爾才會用打字機打字——他解釋道：「每當對話在我腦海裡快速浮現，爲了跟上速度我才會用打字。」多年來，他總是認眞記下每天的寫作進度。偶爾他才會靈感大爆發，不太需要用力就能寫出很多字，但他每天能寫的字數大多是四百到七百。根據瑪莉・海明威的回憶，他丈夫一天寫超過一千字的日子眞是寥寥無幾。他不認爲寫作可以寫得很快，或是很輕鬆。他說：「我總是使出吃奶力氣」。

年輕作家和一些前輩作家是可以讓海明威感到極有興趣的，而且他對他們的評語也總是十分客氣，但如果有機會看他的巴黎文學生涯回憶錄《流動的饗宴》（*A Moveable Feast*，一九五七年至五九年之間創作，一九六一年春完工[27]），任誰都會覺得他很奇怪且不厚道，老是忍不住要挑戰與破壞他同時期作家的名望。葛楚·史坦、舍伍德·安德森（Sherwood Anderson）、T·S·艾略特（T. S. Eliot），尤其是費茲傑羅、沃爾夫、福特·麥達克斯·福特（Ford Madox Ford）、詹姆斯·古德·科森斯（James Gould Cozzens）和其他某些人，在提起他們時總是要左批右酸一兩句。針對批評家，他則是說：「我經常有種感覺，就目前而言，寫作和批評之間已經發展出敵對關係，而不是互助合作。」他認爲，現在的作家已經沒辦法從批評家身上學到太多東

27 這本書最後在海明威死後經由瑪莉幫忙完稿，一九六四年才出版。

西：「批評家應該多多批評已經去世的作家們。而去世的作家還是可以成爲在世作家的榜樣。」

在海明威看來，寫小說是一種以知識爲基礎的創造活動，他說：「以知識爲基礎來創作，意味著的作品雖被冠上虛構之名，但卻眞實無比。每個人身上都應該要有一具內建式屁話偵測器在運作著。這偵測器還要能夠手動操作，所以必須附有手搖把手，萬一機器無法自動運作，還是能繼續偵測。想當一個作家，任誰都必須有能力辨別什麼對自己有害。你很快就能學會辨別什麼對自己有害，接著你才能了解什麼對自己有益。」

什麼東西有害呢？海明威笑稱：「嗯，例如某些疾病。疾病對誰都不好。當然，我出生時還沒有抗生素……就拿〔葛斯黎[28]寫的〕《浩瀚天空下》（*The Big Sky*）爲例吧，從很多方面來講都是一本很好的小說，對於某種疾病的描述非常棒……可能是關於淋病的書裡面最棒的一本。」

「不過，我們言歸正傳，繼續談虛構的藝術。寫《老人與海》時我對於故事的情境的確是有幾分了解，但還無法看到故事的全貌。」他猶豫了一下，停頓時雙手不太顯眼地擺動，接著說：「我甚至不知道那條大魚開始對魚餌聞來聞去時，會不會直接張口去咬老人。我只能繼續寫，透過我的知識來創作。任何子虛烏有的事，或者只有幾分眞實性的東西，我都會抗拒。寫《戰地鐘聲》和《戰地春夢》時也一樣，故事實

28 葛斯黎（A. B. Guthrie）：美國小說家，以寫西部小說著稱。

際上會怎麼發展我並無法完全掌握。這就是虛構的藝術。」

菲利浦・楊恩的《厄內斯特・海明威》於一九五三年出版，那本書主張海明威之所以能有靈感，成爲「虛構藝術」的大師，很大程度上都可以歸因於他童年和一戰期間歷經的暴力洗禮。

「如果你還沒讀過那本的話，就別浪費時間了，」海明威主動說。「如果有人把你這輩子所成就的一切都歸因於某些創傷，你會做何感想？楊恩的理論簡直像是普洛克拉斯特的鐵床[29]，他無非是想要把我削短切瘦，才能硬塞進他的理論裡。」

晚上用餐時，我們繼續討論寫作風格和技巧。海明威認爲有太多與

---

29 普洛克拉斯特的鐵床（Procrustean bed）：英文諺語，相當於中文成語的「削足適履」。典故出自希臘神話，普洛克拉特斯（Procrustean）是海神之子，開了一家黑店，旅客投宿時，如果身體比店內的鐵床長，就會被截斷；要是身體矮小，則會遭強行拉長至與床的長度相符。

他同時期的作家因爲使用象徵技巧上了癮而毀了自己。「若是把預先想到的各種象徵拿來塞進書裡面，就不可能是一本好書。」他揮一揮拿著一小塊法國麵包的手說：「那種象徵手法太過突兀——就像法式麵包裡的葡萄乾那樣顯眼。葡萄乾麵包還不錯啦，但白麵包更好吃」。

提到他筆下的老漁夫聖地牙哥時，他的說法大概如下：聖地牙哥從來都不是形單影隻，因爲他擁有亦敵亦友的大海，還有海裡那些他喜歡的生物，當然也有他討厭的。聖地牙哥熱愛大海，但大海也是個大婊子，這只要有看過小說的人都知道。他在創作時就試著讓故事裡只有眞實的元素，所以男孩、大海、馬林魚和鯊魚都是眞的，希望這些元素都能同時傳達多重象徵意義。他就是這樣讓一部份眞實的故事元素變成象徵，而不是一開始就設計好，或者把那些元素當成象徵埋入故事裡。

別墅裡所有人都在那隻該死貓頭鷹的叫聲中入睡了。幾小時候我在破曉時分的熱帶鳥鳴中醒來，這是陽光普照的一天，看來我即將收穫滿滿。其實，海明威已經至少一年以上沒有搭「琵拉號」出海釣魚，最後一次出海後過了很久他才在非洲遇到飛機失事。[30] 到了六點半，他已經穿著昨天那條寬鬆短褲和同一件運動衫，打著赤腳，彎著腰在讀《紐約時報》——他和瑪莉每天都還要讀另外五份報紙。黑膠唱機傳來的音樂有古典樂也有爵士樂，先是史卡拉第[31]與貝多芬，接著是奧斯卡·彼得森[32]，然後是路易斯·阿姆斯壯[33]一九二八年某部作品的重新灌錄版。

每隔一小段時間海明威就會往嘴裡丟一顆藥丸。他說：「失事後我必須吃很多藥，而且我得要每隔一段時間吃一種，否則藥就會交互作

---

30 這次採訪時間是一九五四年十二月，而海明威是在這一年一月下旬在非洲遇到飛機失事。

31 史卡拉第（Giuseppe Domenico Scarlatti）：十八世紀義大利音樂家。

32 奧斯卡·彼得森（Oscar Peterson）：爵士鋼琴家。

33 路易斯·阿姆斯壯（Louis Armstrong）：爵士小號手、歌手。

用」。

吃早餐時，琵拉號的大副、廚師、管理員兼酒保葛雷哥萊（Gregorio）已經在爲一整天的海上之旅做準備，頭髮灰白的他來自加那利群島[34]。到了九點，在他年輕侄子的幫助下，他已經幫琵拉號加滿油料，補好啤酒、威士忌、葡萄酒的庫存，也帶了一瓶龍舌蘭、一批新鮮的萊姆上船，也備妥了足夠在海上吃一頓海鮮大餐的食物。離開哈瓦那灣之際，葛雷哥萊負責掌舵，他姪子正在準備深海魚竿、捲線器和用來當釣餌的鮮魚。海明威對沿途的重要地標如數家珍，一一指給我看，也對鄰船的船長們愉快地揮揮手。他們總是揮手致意回禮，偶爾有人對他高喊「老爹」。他嗅聞著海上疾風，心情好極了，凝視著前方墨西哥

34 加那利群島（Canary Islands）：西班牙位於位大西洋的自治區，在摩洛哥以西約一百公里處。

灣流劃出的一道黑線。他說：「要盯著那些鳥。有魚上來的時候，鳥群會通知我們。」

瑪莉．海明威要留在山莊和去城裡辦事，所以沒能跟著出海，但由於還是擔憂海明威的身體，她逼著丈夫做出承諾。爲了能夠重溫久違的釣魚樂趣，他答應的交換條件是活動不能太過激烈，而且要提早返航，這樣才有時間打個盹，然後去參加一個夫婦倆答應支持的藝術展。所以他急著驅船前往適合海釣的水域。掌舵的葛雷哥萊加快船速，目標是科希瑪港外海一片墨西哥灣流經過的海域。琵拉號的船艙是開放式的，有兩個鋪位加了軟墊，海明威非常輕鬆地挑了其中一個躺著。

「能出海眞是太棒了，我眞的需要解解悶，」他指著大海說。「大海是最後一個讓人無憂無慮的地方了。就連非洲也快淪陷。沒辦法，正在打仗啊，看來會拖很久。」[35]

琵拉號上總共架設了四根釣竿，其中兩根就是從兩側船舷往外伸的天線狀高大支架，另外兩根設在船尾的座位前。海明威指揮葛雷哥萊和他姪子，謹慎地把活魚弄到兩根釣竿的魚鉤上當釣餌，另外兩根則是裝上假魚餌。一隻軍艦鳥從海岸懶洋洋地往外海滑翔，指向這天的第一批魚，所以琵拉號出海才不到一小時就開始幹活了：兩尾咬住支架釣線的鰹魚發出了拍打聲響。在這趟海釣之旅結束前，我們發現這天的確是幾個月以來最適合海釣的日子，鰹魚與鬼頭刀[36]屢屢現蹤，沒有魚的時候則是安靜閒適，剛好有空檔可以喝酒，一邊享受加勒比海的日光浴，一

35 阿爾及利亞獨立戰爭在採訪的前個月（十一月）剛爆發，且如海明威所預測，持續至一九六二年才停戰。

36 鬼頭刀：原文爲dolphin，實爲鬼頭刀（Mahi-mahi）的俗稱，是墨西哥灣流常見的的魚種，在《老人與海》中也經常出現，不少中譯本皆誤譯爲海豚。

邊聊天。

海明威有時候陷入憂鬱，有時則突然像個孩子似的雀躍起來，那便是釣到了鮪魚，或是上鉤的鬼頭刀躍出海面時濺起金藍相間的水波。有時候，他好像是想要證明自己沒有受到創傷影響，或是想戰勝自己的虛弱軀體，用手臂把身子拖往琵拉號頂端的駕駛台上，親自操縱琵拉號片刻。海明威很少論及現在，完全不談未來，只顧著追憶往事。

海明威回想起史氏出版社（Scribner's）寄來第一批《戰地鐘聲》校樣，他說：「我記得我耗費九十個小時校稿，未曾離開過飯店房間。校完後心想，印出來的字實在太小，絕對不會有人買書。你懂嗎？連我自己都看到兩眼充血。我改了幾遍，還是不滿意。我跟麥斯威爾．柏金斯抱怨字型太小，他說如果我眞有那種感覺，他就把整本書重印。那可是要花很多錢的，你知道嗎？。他眞是個大好人。不過，麥斯威爾沒說錯，字的大小沒問題。」

「你會重讀自己的作品嗎？」

他說：「會，就是在我陷入低潮的時候。回顧以前的作品會讓我心情變好，因爲知道自己有能力寫作。」

「如果有機會把作品重寫一遍的話，到目前爲止有沒有哪一部作品是你想用另一種方式去寫的？」

「沒有。」

他還聊起紐約。「在那個地方生活實在太彆扭了。我從來沒有辦法在那裡定居。現在我連都不想去，一點樂趣也沒有。麥斯威爾去世了。葛蘭尼・萊斯[37]也去世了。他是個很棒的傢伙。以前我跟他總是一起到

37 葛蘭尼・萊斯（Granny Rice）：美國知名運動作家。

布朗克斯動物園（Bronx Zoo）去看動物。」

一九三〇年代初期他曾在西礁島度過一段好時光。「島上有個拳擊手，雖然一眼廢了，但還是挺厲害的。他決定重出江湖，每周打一場拳賽，幫自己宣傳一下。他問我能不能當他的裁判。我說我辦不到，還說他不該再上場了。要是有拳擊手知道他一眼廢了，都能用大拇指戳瞎他另一邊眼睛，把他的頭打爆。」

「那個拳擊手說，『其他地方來的傢伙都不知道我的弱點，西礁島的人也不敢戳我眼睛。』」

「所以我終究同意幫他當裁判。比賽在黑人區進行，在場居然還有人特別介紹我：『今晚的裁判是世界聞名的百萬富翁兼運動員，以及花花公子——厄內斯特．海明威先生！』」海明威一邊說一邊咯咯笑，「他們覺得花花公子是對別人的最大恭維。」他笑一下又接著說：「我都已經接受過那種讚美了，再頒諾貝爾獎給我不是錦上添花而已嗎？」

我們聊天的過程中，人在琵拉號頂端駕駛台上的葛雷哥萊常常高聲大叫，打斷我們的談話。「魚啊！老爹，有魚！」接著會有一根弦側支架上的釣線突然被扯緊，捲線器開始發出吱嘎聲響。「你來拉釣線，」海明威會這麼對我說。不過，因爲屢屢有兩條魚同時上鉤，除了要我拉釣線，他也會跳到另一根竿，我則是衝向另一根。

這種事海明威已經經歷過千百次了吧，但每當看到鰹魚掙扎跳動，或是鬼頭刀從海面上高高躍起時，他還是興奮不已。「啊，漂亮！這條魚好漂亮。現在把牠釣上來，不要太用力。慢慢來。慢慢來。慢慢跟牠耗。就是這樣。慢慢收起釣竿。趕快把線捲回來，趁現在！別太粗魯！別太粗魯！別把魚嘴弄破了。如果你拉得太用力，就會把牠的嘴弄破，那鉤子就掉了。」

每當我們忙完一陣子，他總是會仔細觀察海面，尋找更好的釣魚地點。某次有個木盒子漂到琵拉號不遠處，他命令葛雷哥萊把船開往那裡。「我們到盒子那邊釣魚。」他向我解釋：爲了躲避陽光，小蝦總是會躲在漂浮物或是海面的一片片海藻下，蝦群自然會引來想要吃牠們的鬼頭刀。就在船尾魚竿釣線上的假餌經過那盒子之際，眞的有一條鬼頭刀上鉤，我們趕快把魚竿往上拉，將釣線收回來。那根玻璃纖維材質魚竿非常重，魚竿尾端卡在皮質魚竿架上，魚竿架的底端牢牢綁在船尾。

他說，對付魚跟處理英文句子沒什麼兩樣。「無論是釣魚或者寫句子，都需要某種風格，而風格絕對不只是個空泛的概念。說來簡單，所謂風格就是某種方式，讓人能把該做的事做好。比方說釣魚，那就是要把魚釣上來。重點是正確的方式能讓人把事情做好，至於這方式看來很厲害或漂亮，只不過是偶然而已。」

海明威只寫過《第五縱隊》（*The Fifth Column*）這部劇本。爲什麼沒有寫別的劇本呢？

「如果寫劇本的話，那就沒辦法寫好就不管了，常常得要修改，」他說，「爲了讓戲劇演出的票房有好表現，改編製作劇本的人總是會想要改來來去，但我不想一直被糾纏。寫完後我只想回家沖個澡。」

他總是會毫無由來地扯到詹姆斯．喬伊斯。「有一次喬伊斯跟我說，他擔心自己的作品太土裡土氣，也許他該到處去見識一下，看看這世界有多大，就像我一樣。他受到的限制很多，你知道的。他老婆愛管東管西，他寫作時給自己很多壓力，還有他的視力非常差。結果他老婆居然說，的確是太土裡土氣了。『吉姆[38]偶爾應該去獵獅。』你覺得怎

38 喬伊斯的暱稱。

樣？她說偶爾該去獵獅欸！」

以前我們一起出去時，喬伊斯總是和別人吵架，或就要打起來了。他連對方的樣子都看不清楚，所以總是對我說：『海明威，幫我對付他！對付他！』」海明威頓了一下繼續說：「這些大作家的真實面貌跟書裡面寫的不太一樣啊。」

海明威不是那麼喜愛T・S・艾略特，但是顯然偏愛艾茲拉・龐德，常讚美那時候還被囚禁於華府聖伊莉莎白精神病院的龐德。「艾茲拉・龐德是偉大的詩人。無論他犯了什麼錯，都已經受到嚴重懲罰，我認為政府應該釋放他。而既然義大利人都喜愛又了解他，不如讓他回義大利去寫詩。他勝艾略特一籌。龐德和娜塔莉雅・巴尼[39]曾經共同主持

39 娜塔莉雅・巴尼（Natalie Clifford Barney）：美國女作家，僑居巴黎期間曾在家中主持文學沙龍。

一個他們取名爲「才子」（Bel Esprit）的募款計畫，我也是其中一位成員，大家想籌錢讓艾略特辭去銀行的工作，才有餘裕創作詩歌。據我記憶所及，後來並不是這個計畫讓艾略特得以辭去工作，開始寫文學評論，還有隨心所欲地寫詩。他是倚靠另一批人的幫助。但這個計畫正足以反映出龐德的慷慨特性，以及他對各種藝術形式都有興趣，一點也不在乎他做的事能否爲自己帶來好處，也不在乎他鼓勵過的人有可能成爲他的對手。

「艾略特拿了諾貝爾文學獎。我覺得，若是要把那個獎頒給某位詩人，龐德更有資格。龐德當然應該受罰，但我認爲今年是個讓詩人解脫，允許他們繼續寫詩的好時機……無論艾茲拉．龐德是怎麼想的，他肯定無法與詩人但丁相提並論，但即便犯了那麼多錯，他還是非常偉大的詩人。」

琵拉號掉頭朝哈瓦那灣返航。此時薄暮已經降臨，船長海明威在駕駛台上威風凜凜地掌舵。剩下的龍舌蘭和半顆萊姆置放於船舵邊，在一個直接從桃花心木欄杆上鑿出來的架子裡。「喝點酒，預祝我們不要遇上海蛇，」海明威特別向我解釋，然後把酒瓶遞過來。爲了慶祝返航，我們倆先後拿著酒瓶豪飲了一口。

到了碼頭邊，雷內向主人報告說藝廊的開幕式延期了。海明威一聽實在喜出望外。「這下我們可以放鬆一下，然後好好睡一覺。出海一天實在太過癮，但也累死了。現在有時間睡覺了。」

瑪莉本來擔心海明威太過勉強自己，但看到他回來後精神還是不錯，自然是鬆了一口氣。她端上一鍋熱騰騰的燉牡蠣，用餐過後海明威早早拿著一杯睡前酒，癱坐在他的大扶手椅裡，看來疲倦但很滿意，開始聊自己最近讀了哪些書。他看了一部分索爾．貝婁（Saul Bellow）

寫的小說《阿奇正傳》（*The Adventures of Augie March*），但不喜歡。他說：「不過，每當我工作時，讀書只是爲了暫時忘掉工作，所以很容易對其他人的作品作出不正確的判斷。」他覺得貝婁早期的作品《晃來晃去的人》（*Dangling Man*）好多了。

二次大戰後讓他印象至深的作家之一是約翰・霍恩・伯恩斯（John Horne Burns），作品包括《供廊街》（The Gallery）和其他兩本小說。他死於一九五三年，從各種跡象看來應該是自殺。「這個傢伙寫了一本還不錯的小說，接著用預備學校[40]的故事背景創作出一本難看的小說，接著就把自己給搞廢了。[41]」海明威沉吟道，做了個手勢，似乎在問「這種事該怎麼解釋？」他的眼神像在發呆，看來疲累又哀傷。

---

40 高中畢業後用來準備升大學的學校。

41 據悉伯恩斯有酗酒的習慣，才三十六歲就死於腦溢血。

他說：「我想你也知道，我爸是開槍自殺的。」

片刻間我們無言以對。常有人說，海明威一直不太喜歡談他父親自殺的事。

我問他：「你覺得自殺需要勇氣嗎？」

海明威抿嘴搖頭說：「不需要。雖說這是每個人的自主權，但自殺多少帶有一點自我中心主義的味道，而且根本忽略了會爲其他人帶來什麼後果。」他藉著拿起幾本書來轉移話題。「這裡有幾本書，你在熄燈前可能會想翻閱一下。」他拿出紐比[42]的《撤退》（*The Retreat*）、麥斯威爾・柏金斯的信件選集、佛德列克・查普曼[43]的自傳《叢林是中立的》

---

42 紐比（P. H. Newby）：英國小說家。

43 佛德列克・查普曼（Frederick S. Chapman）：查普曼曾是駐馬來亞英軍上校，這本自傳敘述他在叢林中躲避日軍的經驗。

（*The Jungle Is Neutral*），以及馬爾康・考利[44]的《文學境況》（*The Literary Situation*）。

隔天早上才七點，山莊小客房邊院子裡的狗群不斷汪汪叫。雷內已經去過城裡，帶回信件和報紙。身穿破爛睡袍和老舊拖鞋的海明威已將《紐約時報》讀了一半。

他問我：「馬爾康的書昨晚你翻完了嗎？我想是一本傑作。如果實情真的像他所描述的那麼糟，那還眞是一段作家們都經濟拮据的時期，只是先前我未曾意識到。」

這讓他想起了自己早年在巴黎的歲月。「我從不認爲那是苦日子。他的確是拼命工作，但很有趣。我在上班，有老婆小孩要養。我記得，

---

44 馬爾康・考利（Malcolm Cowley）：美國知名文學編輯、文評家與作家，與海明威交情匪淺。

每天早上第一件事就是先去市場替邦比（他的大兒子約翰）買奶粉，讓他媽媽[45]多睡一點。」為免聽起來像是在批評，他又加了一句：「妳也知道這就是好女人的特色。只要能睡飽，她們會是很棒的女人。」

當年在巴黎的另一種例行公事，就是每天為了掙錢養家而到體育館去陪拳擊手練拳，時薪兩美元。「這薪水在當時算是非常好了，我也沒有被揍得很慘。我的原則是永遠不挑釁拳擊手。我也盡量試著不被打到。可以讓他們打的人很多啊。」

他身旁有一疊十五封信，他伸手拿出其中一封來割開。那是某位佛羅里達州邁阿密市高中英語老師的來信，在信中抱怨她的學生們很少閱讀好的文學作品，而所謂的「知識」大多來自於電影、電視和廣播節

45 邦比的母親是海明威的第一任妻子海德莉（Hadley Hemingway）。

目。她寫道，爲了激發同學們的興趣，她在課堂上講了海明威的冒險故事，並勸他們讀他的作品。她總結道：「所以，從某種意義上來說，你是我這班高一學生的老師。我想你或許會想知道，所以才寫這封信。」這封信讓海明威沮喪，他說：「如果孩子們只忙著做其他事，都不看書，那就太糟了。」

第一次海釣之旅很棒，第二次甚至更好。魚獲的確是少了一些，但其中有兩條是小馬林魚，一條重量約八十磅，另一條八十五磅。牠們同時上鉤，並被弄上了船。海明威迅速搞定他那一條，另一條則是由我這個外行人負責，流了不少汗，也令我苦惱，但大家聊起我把魚釣起來的過程都覺得很有趣，也向我道賀。此外，這趟海釣比起上一次更是活潑輕快，因爲瑪莉・海明威也跟我們出海。她是第四位海明威太太，是個大方而有活力，且天資聰穎的女性，把丈夫照顧得無微不至，不用言傳就能預先知道他的情緒和願望。在他的朋友們面前，她樂於扮演寬厚女主人的角色；若是朋友們的請求對海明威而言太過耗時，且有利用他慷慨個性之嫌，她總能用高明手腕推辭。此外，她的興趣跟丈夫一樣，也都很廣泛，喜歡看書、好好聊天、旅行、釣漁、打獵，而這一切都是海明威生活中不可或缺的。顯然，與瑪莉結婚是過去十五年來他個人生活中最重要的一件事，也指引他的人生方向。

心滿意足的海明威盯著兩條馬林魚說：「我們終於又重操舊業啦，」說完後抱了一下瑪莉。她說：「該慶祝一下喔。」

海明威說：「那就去佛羅里達餐廳[46]。」

佛羅里達餐廳曾經是哈瓦那常見的舒適平價餐酒館之一，餐點好吃

46　佛羅里達餐廳（El Floridita）：哈瓦那歷史悠久的海鮮餐酒館，創立於十九世紀初。

又便宜，酒類的品質一點也不馬虎。如今這間餐酒館之所以高朋滿座，主要原因之一當然就是有機會在此巧遇海明威老爹，甚至跟他喝上一杯；現在整個重新裝潢得鮮紅亮麗，甚至弄了一條天鵝絨粗繩來擋住用餐區的入口，由餐廳人員管控進出。海明威說：「這家店現在看起來實在很俗氣，不過他們的酒還是跟以前一樣棒。」

佛羅里達餐廳在海明威的生命中扮演著特殊的角色。對此他解釋道：「雖然我不住在美國，但我並不覺得對自己的母語或祖國感到生疏。無論什麼時候光顧佛羅里達餐廳，我總能見到從各地來的美國人。就很多方面而言，相較於待在紐約，待在這裡讓我覺得離美國更近。我常去那裡喝個一兩杯，就能遇到從各個地方來的美國人。我住在古巴，因爲我愛這個國家，但這並不意味著我不喜歡其他地方。除此之外，我喜歡古巴是因爲這裡讓我在寫作時能保有一點私人空間。如果我想跟朋友見面，只要進城就可以了。那些空軍的傢伙們也可以過來，還有海軍的那些人等等，都是我在戰時認識的。以前我住在西礁島時也曾保有私人空間，但到了後來，每當我想寫作時卻發現越來越沒有隱私，周圍的人實在太多。所以我才會南下古巴，特別爲了寫作而投宿兩個世界飯店。」

佛羅里達餐廳已經滿座了，有一張桌子早就被老闆命名爲「老爹的角落」（Papa's Corner），所以幾位已經入座的顧客識相地離開。大家見到他都是面帶微笑，跟他打招呼：「哈囉，老爹。」四處有人要跟他握手。海明威說：「來三杯『雙倍老爹』（Papa Doble）。」酒保趕緊按照店裡的酒譜調製三杯特大杯戴克利雞尾酒（daiquiri），特色是不靠檸檬汁或萊姆汁，而是用葡萄柚汁來提味。在那些年頭，「雙倍老爹」大熱銷，一杯只賣一點二五美金，算是特價商品。

兩個美國海軍航空母艦的水手趁休假來光顧，鼓起勇氣走過來跟海明威要簽名照。其中一位說：「你的每一本書我都讀過喔。」

海明威問另一位：「你呢？」

年輕的水手說：「我不太讀書的。」

海明威說：「那就開始多讀一點吧。」

老闆走過來擁抱海明威夫婦，跟他們說店裡正在加裝一間現代的男士洗手間。海明威憂鬱地說，所有好東西都逐漸消失了。他說：「後面那間老廁所也沒什麼不好的，幹嘛要改？這讓我想要大喊：全世界的老廁所們，聯合起來。除了抽水馬桶的鏈條之外，你們一無所有。」47

47　海明威在此刻意戲仿《共產主義宣言》的第一句話：「全世界的工人們，聯合起來。除了身上的鎖鏈之外，你們一無所有。」在此，「鎖鏈」跟抽水馬桶的鏈條一樣是“chain”，海明威才會特別引用這句話來開玩笑。

後來的幾年內我仍有幸數次與海明威聊天，在古巴和紐約都碰過面，也有過魚雁往返，他的信分別來自瞭望山莊、西班牙、法國還有秘魯，他去那裡與好萊塢劇組人員一起釣魚，用來拍攝電影《老人與海》的釣魚鏡頭。他從秘魯寄來一張他在白港（Puerto Blanco）將一條巨大馬林魚卸貨上岸的照片，他在明信片大小的照片上寫道：「這條魚簡直像是我的推拿師，幫我解決了背痛的毛病。」

他去紐約的次數越來越少，似乎不再喜歡去那裡，不覺得有趣了。以前每逢造訪紐約，他總是會去圖滋．索爾餐廳吃飯或夜裡去泡一下「二十一俱樂部」（21 Club），但後來他比較喜歡約朋友們在飯店套房裡見面和用餐。他的健康狀態似乎再也沒有回歸巔峰期，體重、血壓和飲食都有問題。不過，他還是創作不輟，從《流動的饗宴》仍可窺見他特有的文字風格。（我們無從確認他當時到底還寫出了其他多少東西。

瑪莉正在處理他那一大箱遺稿，從旁協助的除了史氏出版社以外，還有海明威的御用傳記作家卡洛斯・貝克[48]、他的老友馬爾康・考利。遺稿包括一些短篇小說、幾首詩、一些沒寫完的小說，以及至少一部以大海爲故事背景的完整長篇小說——他原本打算完成海陸空三部曲，但只寫出這本[49]。）

對於世界與世人，對於故地（包括他去過的地方和他那些獵物的棲息地），他仍有滿滿的好奇心；對於書籍和作家，他仍是談興不減。

美國NBC廣播電視台曾製作過長達一小時的廣播節目，記錄了認識海明威的人對他的印象，其中有些人已經不再是他的朋友。鬥牛士薛尼・富蘭克林的評論讓他火冒三丈。海明威說：「我才沒有跟著富蘭克

48 卡洛斯・貝克（Carlos Baker）：跟菲利浦・楊恩齊名的海明威專家，普林斯頓大學英語系教授。

49 這本小說後來被取名爲《灣流中的諸島》（*Islands in the Stream*），到一九七〇年才出版。

林的『鬥牛團』去巡迴咧，他的演出都像是舞廳裡的花拳繡腿。但有一次，馬德里根本沒有鬥牛活動的主辦人想要理會他，我的確出錢贊助，想幫他安排幾場演出。我給了他現金，讓他不用淪落到典當鬥牛裝。」

藉這次廣播節目，作家麥克斯·伊斯曼（Max Eastman）從自己的角度重述了一遍他和海明威在史氏出版社辦公室裡打架的知名事件，打架的理由是伊斯曼懷疑海明威是否眞有胸毛。[50]海明威說：「他眞的有點可笑。我打個比方吧，任誰都可以自言自語地說「我把『費城』·傑克·歐布萊恩 幹倒在地上」啊！不過伊斯曼倒是不像以前那樣掰得那麼凶了。根據他原來的版本，我可是被逼到牆角，頭被他踩在腳下，我還高聲尖叫欸！」

---

50 據說海明威用書揙了伊斯曼一個耳光，事件甚至登上《紐約時報》版面（一九三七年八月十四日）。

海明威又補了一句：「那些話一點也不重要，而我可從來沒當過爪耙仔。看到有人在抽大麻，無論對方是朋友或敵人，我都不會打電話給緝毒組報案。」

後來，有次某位神學院院長投書《新共和》[51]，在一篇名為〈狗屎神祕學〉（"The Mystique of Merde"）的文章裡痛批一批他所謂的「下流作家」，海明威名列前茅。這篇文章稍後由一本新聞雜誌節錄轉載，人在西班牙的海明威讀過後寫了一封充滿嘲諷意味的短信，想藉此反駁並好好幫那位院長上一課，告訴他「狗屎」一詞的眞正字義，以及軍方和戲劇界都把這兩個字當敬語使用。海明威解釋道，所有法國軍官在執行危險任務前，甚至自知有去無回的時候，就會對彼此說「狗

51 《新共和》（*New Republic*）：美國重要的文藝與政論期刊，創立於一九一四年。

屎」，而不是au revoir（法語的「再見」）、「祝好運，老傢伙」，或是其他語氣一樣很弱的話。他說：「若有必要，我就會使用老套的粗話，但才不會因爲這樣就變成什麼『下流作家』。」他在信裡面對那位院長寫了一句髒話。不過海明威終究沒有把短信寄出去。寫著寫著，本來滿腔怒火的他已經平靜下來，變成只是一笑置之。

一九六〇年七月，海明威夫婦永別古巴，回到西礁島。接著他們搭著火車前往紐約，行李裝滿了一整節車廂，暫居一間小公寓裡。先前於一九五九年海明威已在愛達荷州凱泉鎮（Ketchum）買下新居，於是他們遷居那裡，不遠處就是海明威小時候最熟悉的密西根州北部——他最常去打獵、釣魚、健行的地方。六〇年夏天他去西班牙待了六周，跟著好友歐多涅茲[52]一起踏上鬥牛賽之旅，與勁敵多明圭恩[53]一起演出「雙人競賽」[54]。《生活》周刊向他邀稿，以此次巡迴賽爲題材寫下一批關於鬥牛的文章，後來集結成《危險之夏》（*The Dangerous Summer*）一書[55]。我的印象是，他覺得那幾篇文章沒有寫得很好，只是他沒有明說。那個夏天過後他的精神狀態似乎就陷入低潮，看來到他去世前也一直都是那樣。不過，遷居凱泉鎮之後他顯然有持續寫作，停筆沒多久後就飲彈自盡了。

這些短信與長信足以反映出海明威這位人物的輪廓（但因爲只是信

---

52 歐多涅茲（Antonio Ordóñez）：西班牙知名的頂級鬥牛士（matador），他是海明威的忘年摯友，暱稱海明威爲「厄內斯特老爸」（Father Ernesto）。

53 多明圭恩（Luis Miguel Dominguín）：奧多涅斯的姐夫，亦是頂級鬥牛士。

54 「雙人競賽」（mano a mano）：兩位頂級鬥士牛士一起上場，輪流鬥牛。

55 這本書於一九八五年問世之際，海明威已經去世二十四載。

件，最多也只能看出他的輪廓而已），如今重讀之餘，一種奇怪的感覺油然而生：我有幸認識他，至少趕在他晚年認識他；不過這可能反倒令我更難理解他，而非更容易。

他的所作所爲讓別人能輕易戲仿他，但眞正要模仿他的人卻都是只得其形，未得其神。有時他會刻意做一些事、講一些話來掩飾自己許多的英勇、慷慨，以及他爲別人帶來的許多快樂、熱情——而且刻意到近乎反常的地步。在遭受批評時，敏感的他有可能會凶猛反擊；在寫作技藝上他則是爭強好勝，簡直把對手當成仇敵。不過他總是能夠消遣自己（某次他穿上戰地記者的服裝，居然對著身邊的人說：「大家好，我叫做恩尼・海痔瘡，外號是窮人版的恩尼・派爾。」）[56]，而且也非常自豪，覺得自己最初想要達成的成就，大多已於四十五年前在那個巴黎頂樓公寓中完成了。

私密版的海明威是個藝術家。公開版的海明威往往讓人留下難忘的經驗，即便已經化爲片段的記憶還是如此強烈，在腦海裡徘徊不去。隨便舉個例子就好：某次在紐約安靜吃晚餐時，心情不好的他沉默了好一陣子後突然語帶驚訝地說：「你知道嗎？我認識的所有美女都變得越來越老了。」

在古巴的某個多霧午後，他曾對我說：「如果能重新挑個職業的

---

56 厄內斯特（Ernest）的暱稱就是恩尼；恩尼・派爾（Ernie Pyle）是美國知名戰地記者，因爲到琉球群島採訪二次世界大戰而遭日軍擊中頭部而殉職。會用“Hemorrhoid”（痔瘡）一詞當然是因爲與“Hemingway”的頭音相像，而且痔瘡俗稱“piles”，又與派爾諧音。

話，我想當畫家。」

到明尼蘇達州羅徹斯特市（Rochester）的診所讓醫生進行全身體檢時，他寫信告訴我：「一切都正常」。血壓從二五〇／一二五降到一三〇／八〇，體重減爲一百七十五磅，對於塊頭那麼大的他來講算是很輕了。他說，他有一本書打算在那年秋天出版，但進度已經落後兩個月了——他說的是一九六一年秋天。[57]

最後要說的是，他曾寄過一張聖誕卡給我，上面用他逐漸往右上傾斜的字跡寫道：「我們有過快樂時光，對吧？」

57　海明威在一九六一年盛夏之際（七月二日）就去世，此話讀來令人不勝唏噓。

DROPPING IN ON HEMINGWAY

順道拜訪海明威

洛伊德・拉卡（Lloyd Lockhart）

採訪於一九五八年四月

刊登於《多倫多星報週刊》，一九五八年八月十九日

他小小聲對我說：「你怎麼沒跟我講一聲就來我家？這樣不對吧。」

我說，我工作的地方是《多倫多星報週刊》，他也曾在那裡工作過。

他說：「還是不能這樣。不過，你進來吧。」

地點：古巴哈瓦那

厄內斯特．海明威是「逐漸年邁的美國文學猛牛」。他是鬥牛士、戰士、戰地記者、間諜、作家、大型野獸獵人、漁夫，還是喜歡跟人聊天的美食家——他的人生經歷無人能及。而古巴是他通往世界各地的跳板。他住距離哈瓦那只有幾英里的小鎮聖法蘭西斯科．德．保拉。正爲努力寫新書的海明威在古巴這裡被尊稱爲「老大」（“the great one”），而不是他一般通用的外號「老爹」。爲了閉關寫作，他謝絕訪客。當然，就算沒有在寫新書，近五年來海明威幾乎可以算是完全拒絕外人接觸他了。（五年前，他的飛機接連兩度在非洲叢林裡失事，所幸他還有辦法手拿幾根香蕉和一瓶琴酒，搖搖晃晃地自己走出來。）

還記得他生還後說了什麼令人難忘的感言嗎？他說：「看來幸運女神還是眷顧我的。」不過，之後他就一直不願眷顧任何記者了。

經過一排雜亂無章的房屋後，終於來到海明威的山莊，門口有個大大的招牌寫著：「閒雜人等禁入，來者請預約」。我沒有預約，但還是進去了。先前在多倫多時我曾經試著打電話給「老大」，但沒通上話。

寫信他也不回。朋友試圖幫我居中牽線，也沒結果。親自上門是我最後的機會。

海明威的山莊占地十三英畝，穿越其中的是一條柏油路車道，通往他那一間西班牙殖民地風格的別墅。我登門時是下午兩點，手裡拿著一封信——記者最討厭用這麼直接的方式提出請求。我以爲來應門的會是傭人，或是海明威太太（第四任）。她幫丈夫擋掉所有訪客。

總之我還是敲敲門，然後透過紗門往裡面看。只見桌邊坐著的那個人陰暗的身形非常高大，一坨鐵鏽狀的鬍子在下巴垂著。那是海明威本人，他正在吃午餐。他走到門邊，看起來很困惑，又有點不太開心。

他小小聲對我說：「你怎麼沒跟我講一聲就來我家？這樣不對吧。」

我說我來自《多倫多星報週刊》，他也曾在那裡工作過。

他說：「還是不能這樣。我正在寫一本書，更何況我本來就不接受採訪。希望大家都能了解這一點。不過，你進來吧。」

我們走進客廳。

他說：「我知道你很失望，但我這樣不算失禮吧？如果我接受你採訪，其他二十個人會想知道我爲什麼違反了自己的規則。這不算失禮吧？要不要來杯咖啡？或是喝點酒？」

最後我們決定喝咖啡，而直到這時我才有機會在充足的亮光下端詳海明威。的確是相貌驚人！百聞不如一見！他有海神一般的絡腮鬍，銀白頭髮往後梳，看來虎背熊腰。他只有五十九歲嗎？難以置信。他看起來像快要八十歲，但大大的棕色眼睛炯炯有神，等到他咧嘴一笑，片刻間又流露出孩子氣。

海明威說：「我感覺還不錯，飛機失事造成了一些後遺症，但現在都恢復了。頭骨裂了，還斷掉幾根肋骨，但現在都痊癒了。受的傷總是會好的。」

他身穿棕色釣魚褲、藍色運動鞋、襯衫顏色跟消防車一樣紅：顯然這是工作服，因爲他才剛從「塔樓」下來。他在那裡寫作，站在壁爐平台前用鉛筆寫故事，但每當對話快速浮現就會改用打字「以跟上速度」。

他說：「沒有人意識到我是個職業作家，沒注意到我靠寫作謀生。每個到古巴來的人都知道我在這裡，所以如果我同意的話，就會順便過來聊聊。在冬天這是不可能的。你會去活拜馬場[1]看賽馬嗎？那你就會知道賽馬在休賽期間總是會變胖。不但脂肪變多，毛色也光亮了起來。我也是這樣。所以每到冬天我就得刻意減肥，而我減肥的方式就是寫

1 活拜馬場（Woodbine Racetrack）：多倫多的賽馬場。

作。」

書寫得還順利嗎？

他說：「寫書的進度完全取決於我有多專注，所以我才不接受採訪。曾有個傢伙來我這裡不斷打斷我，只是爲了釐清他自己故事裡的某些部分。我重讀自己寫的東西時，可以清楚看出他是在我寫到哪一段時來找我，到了哪一段他才離開。我的注意力被他毀了。」

海明威停下來啜了一口咖啡。

「幹作家這一行，就是必須趁有靈感寫個不停，因爲一旦靈感沒了，天知道什麼時候才能恢復。」

我注意到室內掛著幾幅他的肖像照。

他說：「我最喜歡卡胥（Yousuf Karsh）幫我拍的那一張。你知道吧，他是來自渥太華的好傢伙。他過來就只是拍幾張照片，沒有爲我帶來困擾。其他攝影師則是帶著閃光燈，還有三、四台相機。眞是煩死人。來採訪我的人也是。我就是沒辦法定下心來回答問題。我試過，但辦不到。我若是有話要說，比較習慣用寫的。我不是哲學家。要我用說的，那我就無話可說。」

接著海明威又說起了接受專訪的事。

他說：「不，我不會接受你的專訪，那樣不公平。你不會相信我被消費成什麼樣子，也不會相信關於我的報導有多少是假的。我記得某次和瑪莉（海明威太太）搭機抵達巴黎機場，規規矩矩地開了一場記者會，表現友善。結果啊，有個記者問我們要去哪裡，我說是聖米歇爾山[2]。瑪莉和我最後改變了主意，直接去了巴黎。結果你猜怎麼了？隔

2 聖米歇爾山（Mont St. Michel）：天主教徒的朝聖勝地，位於諾曼第地區。

天巴黎有一份報紙刊登了兩頁滿版的報導，那記者敍述了和我們一起去聖米歇爾山的經過，報導中甚至還有我們的對話，但我說的話當然都是他自己掰的。」

可能會出乎某些人意料的是，海明威雖是公認的硬漢，但卻靦腆而謙遜。他的確報導過許多場戰爭，而且有傷痕和勛章爲證。他也眞的被一頭公牛刺傷過，躲過象群的衝撞，和大魚之間的搏鬥更是常令他精疲力竭。沒錯，他也屢屢跟朋友反目成仇，且世人皆知他的酒量如海，並曾爲了追求冒險而足跡踏遍全世界。雖然這聽來非常怪，但他的確從來不用「我」這個字來吹噓自己的英勇事蹟，他也只有在取笑自己的失敗時才會微笑。他甚至表示自己的新聞生涯不值一提。

他說：「編輯們似乎認爲我擅長採訪，但我眞的完全不會。我不喜歡用與我無關的私人問題去煩別人，但採訪工作就是要那樣。」

爲什麼海明威會住在古巴？他已經聽過這問題千百遍，但答案始終不變：「能找到古巴這個地方來寫作，算是我運氣好。以前住在西礁島時，這裡的人還沒那麼多，所以我就南下哈瓦那，在一間能看到水岸的小型飯店[3]裡寫作。破曉時我就起床寫作，告一段落後就開船出海釣魚。」

「一九三八年，我從西礁島遷居古巴，在《戰地鐘聲》出版的時候買下了這山莊。我總是在黎明醒來，開始工作，然後在陽光下喝酒看報。我很想念去小酒館和朋友們喝酒聊天的時光，但我因爲戰爭而浪費了人生中大約有五年的時間，無法好好工作，到現在還在努力跟上進度。在紐約我無法好好工作，也不能久留，因爲我就是不習慣那個地

---

3 應該就是指兩個世界飯店。

方。每次到紐約，我總覺得自己像以前那種長途跋涉，把牛群趕進道奇城（Dodge City）的傢伙。」

唯恐世人誤認他因爲住在古巴就什麼都不看在眼裡，或是已經與世隔絕，「老大」特別補充了一句：「我也是可以搬到加拿大去住，但在那裡哪有這種小丘頂的山莊可以住，離墨西哥灣流只要十五分鐘，而且一年到頭都吃得到自家種的蔬菜水果，養鬥雞來玩也不會違法？如果有，只要瑪莉和她的貓狗都同意，那我就搬家。」

我問海明威，他幫《多倫多星報週刊》工作已是一九二〇年代初的往事，在那之後他是不是歷經很多改變？

他說：「我變了，大家都會變，這是無可避免的。要是當年我有先見之明，我會改用筆名來寫作。我不想出名。我不喜歡獲得外界的關注。對於人生，我唯一的願望就是讓我能夠寫作、打獵、釣魚，以及隱姓埋名。出名害慘了我。面對問題時我飽受折磨。也曾有些記者丟一張問題清單過來，想知道我對人生的看法……諸如此類的問題。我還得耗費好幾天回答。」

我問他：「具體來講，你有哪些方面改變了呢？」

「過去我老是喜歡爭辯。對於大大小小任何事，我都固守己見，但現在我學會閉嘴，話讓別人去說就好。我寧願當聽眾……除非我覺得有人說謊。如果是那樣，我就會講一些話來確認。現在我已經認定說話是沒有意義的……對我來說沒有。要是有個主題你已經熟透了，那還有什麼好說的？要是你壓根不懂，那幹嘛要自欺欺人？」

他說：「讓我這麼痛苦的理由是，我不知道能相信誰。曾有一些記者打電話給我，雖然我什麼都沒說，他們也能寫出一大篇報導。現在，只要你試著打電話，就知道絕對找不到我！我老婆會替我篩選所有電話，而在接聽之前我總是要求知道對方到底想要談什麼。我別無選擇。這是唯一的方式。」

「老大」喝完咖啡後，搖搖晃晃的站了起來。這是暗示我該離開了。這次非正式的採訪就此結束。

他說：「回多倫多後幫我跟認識我的朋友們問好。我沒有對你失禮，是吧？我沒有直接把你轟出去。請體諒我的立場。」

我說：「海明威先生，很遺憾我沒能採訪你。但要是能採訪的話，我還眞想問你一個問題：你靠什麼訣竅活出最精采的生命？」

他想了大概一秒。

他回答我：「別去找刺激，讓刺激來找你。」

LIFE IN THE AFTERNOON: THE LAST INTERVIEW

午後人生：最後的訪談

勞勃・艾米特・基納（Robert Emmett Ginna）

採訪於一九五八年五月

刊登於《君子雜誌》，一九六二年五月號

一九五八年五月，我來到哈瓦那，打定主意要和厄內斯特．海明威聊一聊，並希望能說動他接受某個電視節目訪談。（當時我正在製作一個名稱很炫的訪談系列節目叫做《智慧》〔Wisdom〕，在家裡接受我們訪問的都是一些功成名就、深具影響力的傑出人士。）我們一直想找海明威，雖然雙方在某段時間內的確有通信，但他還是不肯答應。因此某天我帶著音樂家史特拉汶斯基（Igor Stravinsky）的訪談影片，還有一大瓶一九三七年份的拉圖爾酒莊（Château Latour）頂級波爾多紅酒，登機前往古巴。

我在悶熱的午後抵達古巴，搭車前往哈瓦那附近的小鎮聖法蘭西斯科．德．保拉，那裡是海明威居所瞭望山莊的所在地。山莊的幾個門都鎖著，所以我拿一點錢給司機路易士，要他在四周尋找某位可能有鑰匙的當地人——既然他們能幫小販開門，應該也可以放我進去。幾分鐘內我們就把車開了進去，繞著環形車道駛往那一棟四周綠蔭茵茵的低矮白色別墅。海明威的西班牙殖民地時期樣式莊園房舍看來貌不驚人，屋裡卻十分寬敞舒適。

前一天我從下榻的兩個世界飯店打電話過來，但海明威太太還是不肯給我正面答覆。她說海明威正在全心工作，不該見任何訪客。不過，我說我只是想把史特拉汶斯基的訪談影片拿給他看，所以她答應隨後回我電話。但她沒打給我，而我則是決定無論如何都要把影片和酒一起送上門。我還寫了一張字條，上面說紅酒只是禮物而已，沒別的意思。

我從紗門往裡看，只見這處處綠蔭的屋裡沒有任何聲音，也杳無人蹤。我試著開門，只想把包裹和紙條放進去。這時，一個熟悉的身影現身門口。打赤腳的海明威身穿有點破舊的短褲、下襬沒有塞進短褲的運動衫。他要我進去，我便自我介紹，把影片、包裝好的紅酒，還有字條遞過去，他都擺在門口的桌上。他非常有禮貌，但開口要我進去坐一坐時讓我感到訝異，因爲體格壯碩的他聲音居然如此輕柔但又高亢。我們經過放滿低矮書櫃的灰泥白牆（架子上的書多到滿出來），來到裝潢風格隨興的寬敞客廳。他的舉止幾乎可說靦腆至極，示意我在一張座位很深的椅子坐下，椅子旁的托盤上壓滿酒瓶。他自己坐在對面的椅子上。滿懷歉意的他表示自己正拚命趕工，寫得還挺順利，還有他覺得我這趟造訪應該是要失望了。言談間他有點猶豫，重申那些衆所皆知的言論：他就是不願談論寫作，還說這樣會扼殺寫作，「讓寫作有所損失」、「把靈感趕走」，甚至讓他「被嚇到」。

我說，這我完全能理解，但希望未來仍有機會幫他錄製訪談節目。他還是有所顧忌。接著我問他，當年他旅居法國以前，還只是芝加哥一名抱負遠大的小作家，但卻有幸拜訪舍伍德・安德森（Sherwood

Anderson）[1]等大作家。跟他們訪談的經驗難道對他沒有很大幫助嗎？

海明威回答我：「喔，但我跟他們都不是在聊寫作。」——他特把「寫作」一詞的兩個音節分開發音。「安德森總是說故事。他很愛講故事，也講得很好。但他就是不會談寫作，那時候不會。他不會那樣跟我聊天。只是後來他變了。不過我大概也只見過他四、五次吧。」

「就以喬伊斯爲例吧。他總是絕口不提自己的創作。喔，可能只有在寫完他那一部小說後，就是《尤利西斯》（*Ulysses*）。在那之後他會說明那本小說的一些內容。他會大聲朗誦，而且他聲音很好聽，也讀得不錯。」

1　事實上，就是安德森建議海明威帶著新婚妻子海德莉前往巴黎發展寫作生涯，甚至爲他寫了一封給葛楚．史坦的推薦信。

我說：「喬伊斯的男高音極爲動聽。」

海明威說：「音色很好，但任誰要是去找他談寫作，他只會瞪大眼睛看對方。他懂得怎樣讓人尷尬。」

我說：「他非常憤世嫉俗。」

海明威說：「沒到憤世嫉俗的程度，但就是不給人面子。但他的確是個好人。」

他重申自己沒辦法針對自己的作品發表言論。他停了一下，把眼睛往上翻，透過鐵框眼鏡的上端盯著我，只見他那雙棕色的眼睛因爲上了年紀而變淡老化，不過可能因爲他閱歷豐富，眼神仍不脫粗獷的味道。「你懂吧，我一講起這種話題就好像噎住。如果我非說些什麼不可，就只能用寫的才能清楚表達。」（後來，《巴黎評論》刊登的海明威長篇訪談堪稱敏銳而充滿洞見，因爲事前讓海明威參與修改，他甚至重寫了許多自己的回答。）

我說：「我保存了你的一小段錄音，可能是有人側錄下來的。內容是你獲知自己得到諾貝爾獎後對某位廣播電台記者說的話。當時你強調，至少對你而言，要是開始談論寫作，那就寫不出東西了。」

海明威說：「那一段談話是公開的。要是當年我有出席頒獎典禮的話，就會那麼說。[2]」他思考片刻後又加了一句：「一九四〇到四四年之間我因爲去當戰地記者而損失很多時間，接著又在非洲遇到那無妄之災。」他是指自己在一九五四年連續遇上兩次飛機失事，身受重傷。

我說：「你已經投入那麼多時間撰寫下一本巨著，文壇人士都在猜你會寫出什麼來。」

2　譯註：海明威並未出席諾貝爾獎的頒獎儀式。他是請美國駐瑞典大使代爲領獎，並在儀式上宣讀他的得獎感言。

海明威的答覆拐彎抹角，指著寬敞客廳邊的一間房間說：「我寫的東西可多著呢。」

我又試了一次：「你的巨著是不是關於……」

我還沒問完他就打斷我：「是一本小說。我想要收尾了，寫完才能去西班牙和非洲。」他停下來，問我要不要喝杯酒。聽他這麼說，我眞是滿懷罪惡感，於是站起來對他表示我實在不該來攪局。

他說：「別這麼說。之前你站在門口時，我還以爲是我大兒子傑克來了。我暫時停筆了。你可以再待一會兒。」

我再度坐下後，海明威問起我的工作，還說應該是個不錯的差事。我跟他稍作說明後，他要我再多說一點。我說我是記者，當記者前就在接案寫稿了。我還說，我想他可能會對我正在取材的一個小案子感興趣：幫《君子》雜誌寫的「全球十大酒吧」專題報導。

「幫《君子》雜誌寫的？全球十大酒吧？」海明威搖頭問道：「這東西太難寫了，怎麼可能有人寫得出來？」但沒等我回答他就接著說下去：「嗯，巴黎麗池飯店（Ritz）的酒吧肯定是，還有威尼斯的哈利酒吧（Harry’s Bar）、紐約的寇斯特羅酒吧（Costello’s），還有古巴這裡的佛羅里達餐廳。以前佛羅里達還算不錯。寬敞通風，空氣對流很好。不過，到現在佛羅里達的酒保還是很厲害。東西也好吃，但是太貴。算是個好地方。」

他說：「我曾幫《君子》雜誌寫過稿子。在雜誌社的草創時期，大約寫了兩年。《君子》的發行人金瑞契（Arnold Gingrich）當年是擔任主編，他曾南下騙我的稿子。他騙人的功力蠻厲害的。」講完後，海明威再度展現他講話的特色，靠補充說明來修飾自己的話：「不過他也是個好人。雜誌社付給我那篇〈吉力馬札羅火山之雪〉的稿費是一千美元。」

我說：「這稿費在一九三六年那時候算是很高了啊。」海明威點頭表示同意，他說：「是啊，但當年我拿的稿費差不多就是一字一美元了。你知道他們是怎樣讓我上鉤的嗎？他們把封面印出來，把我的名字放上去，然後沒有寫作品名稱，但這樣一來我就非交稿不可。他們就是這樣弄到我的作品（〈吉力馬札羅火山之雪〉）。居然還有這一招！不過我沒有生氣。」[3]

我說：「金瑞契很熱衷釣魚欸。」

「是我讓他起了頭。」海明威說，「不過，他們那本釣魚的書編得還不錯。我想他們現在出版的書都是以那本釣魚書籍爲範本吧，不是

3 《君子》雜誌是月刊，創刊後的頭三十三期裡面有二十八期都刊登了海明威的作品，有散文也有短篇小說。

嗎？」[4]說完他突然咧嘴微笑起來，彷彿是在向我表示，我們倆都對雜誌產業的這個現狀非常了解。他接著說：「我都把雜誌擺在那兒。」並且指著別墅門口玄關那個細緻的雜誌架，上面塞滿了各類期刊。

我們坐著的兩張舊椅子都有厚厚的軟墊，也都套著椅套，椅子後方的桌上擺著一本法國哲學家雅克・馬里丹（Jacques Maritain）寫的《沉思美國》（*Reflections on America*）。發現那本書後我說：「也許你會很高興知道……」

他順著我的眼光看過去，講話打斷我：「那是我的出版社寄過來的。」

我接著把話講完：「……雅克・馬里丹也一直拒絕接受我們的訪談

4《君子》雜誌在一九三三年出版了*Esquire's Book of Fishing*，後來數十年間又出了許多主題類書籍，書名都是以“*Esquire's Book of ...*”起頭。

並且錄影。」我接著說。

他再度咧大嘴巴笑了起來。

我問他：「《巴黎評論》的專訪馬上就會刊登出來，沒錯吧？」

語氣略顯尷尬的他說：「下個月。喬治・普林普頓纏著我整整三年。我終究還是讓他訪問了。那件事耗費我大約五、六周的時間。我必須非常確定自己沒說錯話不可。」

我說：「我發現《巴黎評論》把各個作家的訪談內容集結成書出版，書名叫做《作家論寫作》（*Writers at Work*）[5]，還挺有趣的。」

他好像對這話題有了興致，對我說：「是嗎？有些還不錯。不過啊——」他往前靠過來，像是要我保密，「也有很多人是在放狗屁。天

---

5 全名是*Writers at Work: The Paris Review Interviews*。

啊，其中某些人也太有自信了吧！但那本書裡還是有些不錯的訪談內容。喬治．西默農[6]很棒。我們有幸見識到這種作家。尤其是他寫作的方式，是吧？寫了那麼多書，而且他也說自己不知道故事的結局會怎樣。他還聊起對其他人的作品有何看法。不過，當他談起自己的那些嚴肅作品、他的強項，爲什麼偏偏都是差勁的？西默農所謂的強項，其實是他最弱的地方。他如果只寫不說，眞的很棒。」

我說：「西默農就像是寫作機器。」

海明威說：「寫作機器。將什麼輸入腦袋裡，就輸出什麼。還有桃樂絲．帕克（Dottie Parker）。」他喃喃自語，講的顯然是同一本合輯裡面也出現了她的訪談內容，但欲言又止。

6 喬治．西默農（Georges Simenon）：比利時的法語偵探小說家。

我說：「要是以前我幫《浮華世界》（*Vanity Fair*）工作那一陣子有機會認識她就好了，還有勞勃・本奇利（Bob Benchley），勞勃・舍伍德（Robert Sherwood）」……」

「勞勃・本奇利，」海明威說起這個名字時聲音低到幾乎聽不見，露出追憶過往的眼神。

在這片刻，我覺得自己彷彿是在和風對話的水手，但還是接著說下去。「那本合輯裡的某幾篇訪談中還是有很多有趣的東西。E・M・佛斯特分析寫作的功力實在沒話講，但卻在很久以前就像蠟燭一樣熄滅了，不是很奇怪嗎？[7]」

海明威把我的話復述一遍：「是啊，像蠟燭一樣熄滅了，」長滿蓬

7 E・M・佛斯特非常長壽，但晚年幾乎沒有推出重要作品。

亂灰髮的腦袋點頭表示同意。接著他問我：「你確定不喝杯酒嗎？」

我迅速地站起來：「不了，很抱歉占用了你的時間。」

他說：「別這樣說！多待一會兒。我工作完了，只是在等傑克。來喝一杯。」

我說：「你喝我就喝。」

他說：「我喝紅酒。」

我說：「好，我一樣。」

海明威比了一下我身邊托盤上的烈酒，我搖搖頭。我一邊起身一邊說：「我先去一下洗手間可以嗎？」

他站起來幫我指引方向。我注意到他站著寫作的地方，那是雙人床邊某個書櫃的頂端，上面擺著他一般用來寫字的閱讀板，還有必須快速寫出對話時使用的打字機。臥室裡還有一張大書桌，上面隨意堆放著書報，還有無論是一般小男孩或小羅斯福總統都會收藏的一些小東西，地板上擺著一些啞鈴，非洲狩獵獲得的戰利品都掛在牆上，只有一塊小旋角羚羊皮鋪在地上。就像這別墅裡的其他角落一樣，他的臥室感覺起來也是住了很久，舒適又簡樸，也讓人一看就知道房間主人既是文學家，也是個行動派。洗手間牆上有許多用潦草字跡寫出來的舒張壓和收縮壓數字。

重回客廳時，只見主人正拿著一瓶酒和冰塊回來：他虎背熊腰，小腿肌肉像運動員般發達，腳踝很細，腳板很大，緩步前行，拖著腳走過鋪著黃色地磚的冰涼地板。他把酒跟冰塊端上來。

我認出那是上好的西班牙紅酒，隨口對他說：「里斯卡侯爵酒莊（Marques de Riscal）。」

海明威很有禮貌地問我：「還是你想喝雪莉酒？」

我說：「不用。」於是他給我冰塊，自己也拿了一些。我們依照許多歐洲人喜歡的方式，喝著冰鎮紅酒，但許多自詡懂得喝葡萄酒的美國人卻討厭這種喝法。

我們聊起了我們共同的友人和威尼斯，我問他威尼斯附近有沒有什麼好的公開獵場。

「以前我會到托切羅島（Torcello）找個嚮導一起去某個獵場，但那裡不算是公開的。我最後一次去已經是一九五〇年，我們會沿著流經鄉間的運河，伏擊路過的東西。」

我問他：「路過的東西是什麼？」

海明威又咧嘴一笑，然後大聲笑說：「任何飛過去的鬼東西啊！那裡的許多鳥種在古巴這裡也有，像是小水鴨、赤頸鴨、尖尾鷸、一些綠頭鴨，當然還有野雁，最後就是一大群野雁。」

我們正在聊著非洲和西班牙，海明威突然頓一下，接著小心地說：「工作進度很不錯。七點我就動工，大約八點半吃早飯，九點回去工作，寫到吃午飯前，吃完後再繼續寫。我每天都寫太多字了。像是今天就寫了一千字。太多字了。我得控制一下，但真想努力寫完啊。我想去西班牙和非洲。」

我們接著聊西班牙。海明威說：「我曾經參與製作紀錄片《西班牙大地》（*The Spanish Earth*），一九三七年上映。劇本是我寫的，但阿奇博德・麥克萊許（Archie MacLeish）和約翰・多斯・帕索斯（John Dos Passos）應該也出了很多力。我想我也參與了拍攝過程。」

既然他提起了電影，我說：「你的作品翻拍成電影後好像反應大多不太好。」

海明威說：「天啊！通常我的作品拍成電影，結果都不太好，事實上我也不想讓作品改拍成電影。但是一般都會有人來買電影版權，或買了再轉手。」

我說：「你的短篇小說拍成《雪山盟》[8]後被加進一堆廢話。」

他說：「那部作品的電影版權在我前妻手上，很久以前就低價賣給了好萊塢，我一分錢都沒拿到，也完全沒有插手製作。倒是他們拍《老人與海》時我就有擔任顧問，主要想要設法把那一條大馬林魚的畫面拍好，但即便如此最後效果也不怎樣。我不太清楚。」

這時已經快要天黑。先前海明威已經帶我參觀他家，善盡地主之誼，我覺得自己該走了。此外，我也急著想把今天的訪談紀錄整理好。這次我堅持要走，起身後往門口的玄關走。海明威稍稍挽留了我一下，

8　原著是海明威的短篇小說〈吉力馬札羅火山之雪〉。

接著就跟在我身後。他提及當初促使我來拜訪他的那個電視節目，表示某些地方的原住民深信，如果他們被攝影鏡頭拍攝過，就等於把自己的生命衝力[9]交給了擁有照片或影片的人。（事後，海明威在寫給我的信中表示：「我對於上鏡頭或上電視的確是有些迷信。對此我的感覺和某些部落差不多，所以一直沒入境，但希望你還有其他不受攝影鏡頭侵害的人都能保持好運。」）

我說我自己在外斐濟群島（outer Fiji Islands）也見識過當地居民的相同信仰。

他開心微笑，拍拍我的肩膀，接著看著我，幽默地說：「你也知道，光用一瓶酒是沒辦法讓人違反畢生遵守的原則，對吧？」

---

9 生命衝力（Élan vital）：法國哲學家柏格森（Henri Bergson）首創的詞彙。

我說：「之後你再讀一下我寫的字條吧。」

他說：「好吧，如果眞有人能說服我，讓我接受訪談並錄製成影片的話，應該就是你了。如果我能往前跨出一步的話，我可能會試試——你懂的，就像投手往前跨步就能節省力氣。但我也可能表現得不太好。喔，看我說的是什麼蠢話。天啊，還讓你送我一瓶酒，眞不好意思。這是什麼酒？」

我說是拉圖爾酒莊的紅酒。

海明威說：「天啊，我得等到値得慶祝的時候才能拿出來喝。」

我說：「那只是用來表達謝意而已，沒有附帶條件，我也不會拿來報帳。我是特意南下來見你一面而已。」

他說：「眞是不好意思。不過，我想你今晚會留在哈瓦那找樂子吧？」

我說：「在這裡度過的每一分鐘都讓我很快樂。」

海明威一聽似乎高興了起來，笑著把手搭在我的肩膀上，送著我到在外面等我的車子旁。他說：「關於喬伊斯的那些話，我只是隨口說說而已。你也知道，就是關於有人找上門想聊聊他的作品，卻被他瞪著眼睛看著。明天下午兩三點左右，我們約在佛羅里達餐廳見面如何？如果我帶點東西去寫，可以嗎？」

我說：「拜託你看看我給你的史特拉汶斯基訪談影片，他還挺有意思的。看過後你應該會覺得上電視不怎麼痛苦，甚至還挺好玩的。」

海明威說：「是啊，他那傢伙的表演慾還挺強的。」接著就跟我揮手道別。

到了隔天下午兩點半，我已經在佛羅里達餐廳的酒吧坐等海明威。無論是涼爽安靜的氛圍，或我手裡冰冰涼涼的特大杯戴克利雞尾酒，都太棒了。（戴克利一開始就是在那裡流行起來的，而且雖說有各種版本，但佛羅里達的秘方就是在調製時加上一茶匙黑櫻桃酒。）我坐的地方靠前面，頭頂就是大鬍子老爹海明威的半身青銅雕像。

不久後，老爹和瑪莉女士走進來。瑪莉跟我一樣點了戴克利，海明威則是要了加上一小塊碎檸檬與少量冰塊的蘇格蘭威士忌。就在此時，海明威的大兒子傑克走了進來，他是海明威和第一任妻子海德莉·理查遜所生。我覺得他是個充滿魅力且平易近人的小夥子。他已經在古巴小住了一陣子。讓我感到很不可思議的是，他身爲海明威之子卻選擇以證券交易爲業，但我很快就意識到他和父親一樣熱愛戶外生活。

傑克和瑪莉女士閒聊了起來，我對海明威表示，我自己之所以熱愛釣鱒魚，是因爲多年前讀了他的短篇小說〈大雙心河〉（"Big Two-Hearted River"）。還有我入伍海軍，被調派到南太平洋時，曾把那篇故事反覆讀了好幾遍（我看的版本收錄在他的選集《〈第五縱隊〉與最早期的四十九篇故事》〔*The Fifth Column and the First Forty-Nine Stories*〕裡），並且夢境裡曾出現密西根州北部鄉間靜謐的深色水域，以及獨自一人去釣鱒魚的尼克・亞當斯（Nick Adams）。我說，他所刻劃出的故事氛圍實在非常精準，尼克因爲害怕而不敢走進黑暗沼澤的心情也是栩栩如生——就像故事中敍述的：「去那裡釣魚會是個悲劇。冒險到沼澤釣魚將會發生悲劇。尼克不想那樣。」我在佛羅里達裡把那幾行文字背給他聽。我還想起了海明威筆下的溪流和酒吧總有許多悲劇故事發生，但並未說出口。

他說：「喔，那只是用餌釣魚，不能眞正算是釣鱒魚。」我覺得自己在作家面前發表的評論雖說不太得體，但在聽到我覆誦他的文字後，連他自己也被我們之間突然出現的情感給感染，但爲了刻意表現出不受影響，反而讓他的聲音與舉止在那一瞬間變得尷尬了起來。

因爲我提到海軍，讓海明威順勢聊起他對軍隊的一些觀察，接著又聊起了戰爭文學。「關於海軍，我覺得有不少書都寫得很好。其中當然有《凱恩艦事變》（*The Caine Mutiny*），還有另外一些其他的，是吧？」

他問我喜歡哪些關於二戰的書，我提起了約翰·霍恩·伯恩斯寫的《供廊街》和諾曼·梅勒（Norman Mailer）的《裸者與死者》（*The Naked and the Dead*）。

他說：「狗屁。想像一下，如果將軍都不看地圖，只是憑記憶就說出座標，那戰事就會被他拖得很久。梅勒也沒當過將軍。狗屁。」評論時他的聲音始終很小聲。然後，就像先前我屢屢觀察到的那樣，他在提出激烈的批判後總是會補上一句話來平衡一下：「我應該重讀一遍，或許會有不同心得。是吧？你認爲寫得還不錯？」

那天下午海明威在談論許多話題時都顯得很謙虛，這跟傳聞中的他有很大的出入。不過，雖說我深知自己對他的認識還很浮面，但我的體驗已經足以說服自己。去見海明威之前沒多久，我才跟知名美國文史家范・威克・布魯克斯（Van Wyck Brooks）聊過。他說，他覺得海明威好像從未長大，仿佛因爲老是喜歡「扮演軍人的角色」而始終像個青少年。布魯克斯還說，就這方面來講海明威的言行與文字可能展現出非常典型的美式風格：即便擅長展現特有風格，但恐怕還不夠資格被稱爲偉大作家。布魯克斯還聊起了海明威小說《太陽依舊升起》裡敏感易怒的猶太裔美國人勞勃・康恩（我已經忘記布魯克斯說了什麼，也想不起我對海明威是怎麼說的。我當然沒有引用布魯克斯的評論，但寫下了海明威如何反駁）。我提到布魯克斯，然後聊起了康恩。

海明威如此評論布魯克斯：「他認爲我是個三流作家。好啦，如果他眞想這麼講，那也沒關係。他有資格。他還挺有成就的，是吧？研究了那麼多作家。但是，天啊，讓康恩講那些話，代表那些東西的，難道不是我嗎？」（作家哈洛．羅伯〔Harold Loeb〕自己對號入座，承認他就是勞勃．康恩的原型，還說在海明威筆下他幾乎尊嚴盡失，讓他深感痛苦。）

午後時光所剩無幾，我們喝了一杯又一杯，但海明威還是慢慢啜飲著他的特調。我伺機再次問起他那一本「巨著」。

他說：「我說啊，我寫的東西就是我家的銀行存款。要是我寫的一切全都出版了，你想想看我需要繳多少稅金！有些東西我得要先擺在一旁。」

始終有人說他持續致力於創作一部關於「大海和人生」的作品，我問他《老人與海》是否就是傳說中那部作品？

他說：「見鬼了，當然不是。你說的那本巨著，寫的是戰爭，是人生。」他從吧台另一側朝我靠過來說：「寫《老人與海》時我得了敗血症，但還是在幾周內就寫完了。我是寫給某位女士看的，因爲她覺得我已經沒料了。我想，她算是見識到我的本領。希望如此。我每部作品背後都有個女人。」

他的坦白令我感到震驚。不過，這時我的情緒沒有那麼強烈，可能是因爲整個下午都泡在酒吧裡，還有大杯冰涼戴克利滑下喉嚨讓我暫時感到麻痹。一樣讓我感到震撼的還有海明威提到的其他幾件事。他還對我埋怨起某個家人，但卽便如此他的語調還是頗爲理智，所以不得不讓我對可信度存疑。海明威顯然很愛聊天，但他不會閒聊，所以在那天下午後我常感到納悶：他是不是故意講一些讓我震驚的話，而且還樂在其中？我跟他聊天時並沒有這種感覺。

瑪莉女士柔聲打斷了我們的談話，表示或許該回山莊了。海明威從信封裡拿出一本精美的英文版《老人與海》，書裡的漂亮插畫都是滕尼克利夫（C.F. Tunnicliffe）和雷蒙・謝波（Raymond Sheppard）的作品。他親自在扉頁留言，這友善之舉令我既感動又感激，但就在我想要向他致謝時，他卻忙著要酒保準備兩杯酒，讓他們可以在返回山莊的路上享用。之後我們互相道別，他和瑪莉女士走向敞篷車，在後座坐好，手裡各拿著一杯酒，等著讓司機載回鄉下。

傑克已先離開，我又待了一會兒，把酒喝完。

一位年輕空軍人員說：「眞是個大人物。」我說：「沒錯。」然後就匆匆回到我房裡的書桌前。

日後，海明威和我曾在紐約短暫地聊過一次。一九五九年秋天，再次去西班牙欣賞鬥牛巡迴賽的海明威寫信對我說：「好好照顧自己，這樣我們才能再去佛羅里達喝酒敘舊啊。」要是他這句話能夠成真就好了，可惜事與願違。

採訪者簡介

喬治・普林普頓（George Plimpton）

《巴黎評論》（*The Paris Review*）於一九五三年成立起即擔任該季刊之總編輯，直到二〇〇三年辭世。

勞勃・曼寧（Robert Manning）

從一九六六年到八〇年擔任《大西洋月刊》（*The Atlantic Monthly*）總編輯。

洛伊德・拉卡（Lloyd Lockhart）

《多倫多星報》（*The Toronto Star*）的記者兼攝影師。

勞勃・艾米特・基納（Robert Emmett Ginna）

《生活大師》（*Connoisseur*）與《君子》（*Esquire*）兩本雜誌與《紐約時報》的撰稿人，曾任樺樹圖書集團（Hachette Book Group）旗下里特爾與布朗出版社（Little, Brown）的總編輯。

海明威：最後的訪談

大寫出版｜書系古典復筆新｜書號HD0008｜
著　　　者　厄內斯特・海明威
譯　　　者　陳榮彬
特約書系主編　黃少璋
美 術 設 計　張巖
行 銷 企 畫　王綬晨、邱紹溢、陳詩婷、曾曉玲、曾志傑
大 寫 出 版　鄭俊平
發　行　人　蘇拾平

發行　大雁文化事業股份有限公司
　　　台北市復興北路333號11樓之4
電話　（02）27182001
傳真　（02）27181258
大雁出版基地官網：www.andbooks.com.tw

初版一刷 ◎ 2022年11月
定　　價 ◎ 350元

ISBN 978-957-9689-83-0

國家圖書館出版品預行編目(CIP)資料

海明威：最後的訪談／海明威 著；陳榮彬譯
初版｜臺北市：大寫出版：大雁文化事業股份有限公司發行，2022.11
171面；15*21公分（古典復筆新；HD0008）
譯自：Ernest Hemingway : the last interview.
ISBN 978-957-9689-83-0（平裝）
1.CST: 海明威（Hemingway, Ernest, 1899-1961）
2.CST: 傳記
3.CST: 訪談
785.28　　111016871

古典復筆新